つながりの社会心理学

—— 人を取り巻く「空気」を科学する

鬼頭美江

弘文堂

はじめに

　現在、私がこの原稿のアイデアを練っている電車の中では、ほとんどの人がそれぞれのスマートフォンを眺めています（私もそのうちの1人です）。つい20〜30年前の電車内とは、ずいぶん異なる光景です。スマートフォンの普及により、電車での移動中を含め、どこでもインターネットが使えるようになりました。それに伴い、SNSが発展し、情報収集の仕方や人とのコミュニケーションのとり方が大きく変化しました。こうした変化によって、時間や場所を問わず、家族や友人とのつながりを常に感じられる安心感がある一方で、束縛感などの息苦しさを感じる人もいるでしょう。本書では、どこにでもいそうな一般的な大学生を主人公に、彼女がSNSへ投稿した日常生活での気づきや疑問に感じたことを、事例として各章の冒頭で紹介しています。そして、そうした日常生活で感じる何気ない想いに社会心理学の視点から焦点を当てることで、本書で学ぶ社会心理学の様々な概念や理論を身近に感じていただけるような構成を試みました。

　社会心理学の書籍としては、概念や理論を網羅的に扱う学術書をはじめ、特定の理論的立場から様々な概念をまとめている専門書、あるいは内容がライトな実用書など、既に多くが刊行されています。社会心理学について詳しく学びたい方や特定の理論的立場に関心のある方は、ぜひそちらを参考にしてください。本書は、これらの「良いとこ取り」をした作りとなっています。まず、古典的な研究から最新の研究まで幅広いテーマを取り上げたうえで、それぞれのテーマに関する研究内容をできるだけ詳細に記述しました。それと同時に、各章冒頭だけでなく本文中にも、読者のみなさんが身近に感じられるような事例をふんだんに取り上げることで、社会心理学の知識が日常場面にどのように応用されるか、理解しやすい内容になっています。

　本書は、以下の5部から構成されています。

第Ⅰ部："科学する"社会心理学（第1章〜第2章）

第Ⅱ部：「わたしの中の私」≠「あなたの中の私」（第3章〜第5章）

第Ⅲ部：あなたを動かす、他人の言動（第6章〜第8章）

第Ⅳ部：「好き」はどのように生まれ、なぜ離れていくのか？

　　　　（第9章〜第10章）

第Ⅴ部：「場の空気」が作られる時（第11章〜第13章）

　このように社会心理学の中でも、特に自己・対人認知や対人関係を起点とした部で構成されています。誰にとっても身近なテーマであり、事例を多く紹介することで、読者のみなさん自身の経験と関連づけて考えやすいことが本書の特徴です。

　友人関係や恋愛関係などの対人関係に焦点を当てているのは、これらが読者のみなさんにとって身近な内容であることに加え、私の研究テーマでもあるからです。社会心理学の研究方法について説明する**第1章**では、まず研究対象となるテーマを見つけるために、「現象を観察する」ことが研究の第1ステップであると述べています。私は、大学の学部時代から大学院にかけて、北米で過ごしました。そこでの経験や、生活の中で不思議に思ったことが大学4年次に実施した卒業論文研究（アメリカでは、一部の学生に対する履修許可制のHonors Thesis）につながり、それが私の研究者人生の始まりでした。このように、社会心理学の分野では、個人的な経験が研究テーマにつながることが頻繁にあるように思います。それも、社会心理学の扱うテーマが私たちの日常生活に直結しているからと言えるかもしれません。

　本書は、どの章から読み始めても理解できる構成になっています。また、各章末にキーワードをまとめているため、自習用にも役立つでしょう。詳細が気になる研究などが見つかったら、参考文献リストを参照して、ぜひ原典を読んでみてください。

　社会心理学の研究は身近なテーマを扱うものが多いです。したがって、社会心理学を学ぶことによって、得られた知識や考え方を、対人関係をはじめ、みなさん自身の日常生活に活かすことができるかもしれません。本書がその一助となれば幸いです。

鬼頭　美江

contents

第Ⅳ部
「好き」はどのように生まれ、なぜ離れていくのか？

第Ⅴ部 「場の空気」が作られる時

第11章 集団過程―人の行動を左右する他者の存在

第12章 ステレオタイプ・偏見・差別

第13章 文化心理学

序章　社会心理学とは

❶ 社会心理学の定義

　社会心理学とは心理学という学問領域の一分野です。心理学には性格心理学、学習心理学、発達心理学、教育心理学、生理心理学、臨床心理学、産業・組織心理学など多数の分野が存在します(日本心理学会の発表部門は全20部門、アメリカ心理学会〔American Psychological Association; APA〕は56部門で構成されています。APAの部門数が多いのは心理学分野だけでなく研究トピックを含んでいるためです)。社会心理学はその中の1つです。

　社会心理学は様々に定義づけられていますが、本書では「2者以上が存在する状況における人の認知・感情・行動について、科学的手法を用いて解明する学問」とします。「2者以上が存在する状況」とは個人のみを取り上げて研究するのではなく、他者の存在や社会の影響の下での個人の認知・感情・行動を研究する分野であるということです。「科学的手法を用いて」とは研究方法(p.8)を指します。社会心理学は、化学や物理学などの自然科学、経済学や社会学などの社会科学と同様に、「科学的手法」を用いて研究を行います。

　それでは、隣接する学問領域や心理学分野との違いを見てみましょう。

　社会心理学と近しい学問領域として社会学があります。両者はともに社会的要因の影響について検討する学問領域です。しかし社会心理学は分析対象が個人であり、社会学の対象は集団である点、よく用いられる研究方法が社会心理学では実験であり、社会学は社会調査である点が異なります。ただし、この分類は非常に単純化しており、社会心理学でも研究方法として社会調査が頻繁に用いられているなど、学問領域間の線引きが難しいのが現状です。

　次に、社会心理学と近しい心理学分野として、性格心理学との違いを検討します。両者はともに、人々の行動を個人レベルで説明することを目標としている点で共通しています。異なるのは、その行動の原因について何

に焦点を当てて分析するかという点です。社会心理学は社会的状況に焦点を当て、性格心理学は性格を含む個人の特性に焦点を当てます。ただし、社会的状況と個人特性は人々の行動に対してそれぞれ独立に影響しているのではなく、常に「交互作用」が働いています。つまり、人々の行動に対して個人特性がどのように影響するかは、その時の社会的状況によって異なるのです。したがって1つのテーマに関して、社会心理学と性格心理学の両方からのアプローチが可能です。

　臨床心理学との違いも検討してみましょう。臨床心理学も同様に、人々の行動の個人レベルでの説明を目標にしていますが、社会心理学が日常場面での行動に焦点を当てるのに対し、臨床心理学は状況に不適応な行動（引きこもりやDV被害など）に焦点を当てるケースが多い傾向にあります。

　社会心理学の知識は、様々な職業や現場で活用されています。例えば、カスタマーセンターや営業職などでお客様から苦情や不当な要求を受けて対応する場面では、相手がなぜそのような言動をするのかという原因を推測したうえで、対応策を考えるでしょう（**第5章**）。広告代理店で新商品のヒットを目指して広告を考える際には、広告を見る顧客の特徴を想定したうえで効果的な方法を考えると思います（**第6章**）。また、仕事をしていると、個人で作業をするよりも、グループで作業をする方がはかどる場面と、逆に滞る場面があることを実感するかもしれません（**第11章**）。

　日常場面で活かされる知識もあります。緊急事態において、群衆の中から援助者を求めなければならない場面では、群衆の多くが緊急事態を認識していなかったり、自分には援助する責任がないと考えていたりするかもしれないという知識があれば、群衆の中で援助してくれそうな人を指さし、指名した方が効果的だと判断できるでしょう（**第8章**）。そのほかにも、外国ルーツの人々やマイノリティの人々に対して、自分でも無意識のうちに偏見やステレオタイプをもっていたことに気づけば、多様性に寛容になるかもしれません（**第12章**）。

　このように本書で学ぶ社会心理学の知見は、日常の様々な場面に活かされています。本書の内容を学びながら、ほかにどのように応用されているのか、考えてみてください。

　大学で1限目から授業がある日は、満員電車での通学となる。人混みが苦手で、電車が空いている時よりもひどくストレスを感じてしまう。それを何とか紛らわせようと、スマホを見たり、音楽を聴いたりしている。ほかの人に目をやると、彼らも同じように何かしら「自分の世界」に入ろうとしている。人混みでストレスを感じるのは、私だけではなさそうだ。

＃満員電車とストレス　＃人混み　＃騒音

A. 学生生活の中にもある社会心理学のテーマ

社会心理学の研究テーマは、私たちの生活の中にあります。例えばみなさんの通学・通勤場面を思い出してみてください。満員電車と空いている電車ではどちらのほうがストレスを感じるでしょうか。あるいは、隣の人が静かに立っている場合とイヤホンから音が漏れている場合ではどうでしょう。また、混雑があまりにひどかった時はその後どのような気分になるでしょうか。このようなケースでは、私たちの心は「2者以上が存在する状況」に遭遇していると言えます。したがって、このような日常場面も社会心理学の研究対象となりえるのです。

本書では社会心理学が身近に感じられるように、主に学生生活の中から見出したテーマに沿って学んでいきます。「どうして他人によく見られたいのか」（**第3章、第4章**）、「嫌なことが起きると、どのように原因探しをするのか」（**第5章**）、「なぜあんなものを買ってしまったのか」（**第6章**）、「なぜ他人を攻撃する人がいるのか」（**第7章**）、「なぜあの時困っている人を助けられなかったのか」（**第8章**）、「家族や友人、恋人の存在は自分にどのような影響を与えているのか」（**第9章、第10章**）、「場の空気に流されがちなのはなぜか」（**第11章**）、「仲間への信頼、差別や偏見はどのように生まれるのか」（**第12章**）、「私と留学生との違いは何か」（**第13章**）など、一見、個人の性格や能力によると思える行動や考えが、実は社会から影響を受けているのだということが徐々にわかっていくでしょう。

B. 社会心理学の応用①：統制感と健康

様々な研究テーマの中でも近年、特に注目を集めているのが健康と環境に関することです。中でもストレスはよく取り上げられます。ストレスに関する本格的な研究は1960年代に始まりました。当時の研究では、その後に生活を変えなければいけない程度が大きいほど、ストレスを感じると考えられていました（Holmes & Rahe, 1967）。ワシントン大学の精神科医ホームズ（Holmes, T.H.）らは生活上の変化をもたらすライフイベントをストレス要因と捉え、5,000人の患者を対象に調査を実施しました。調査結果をもとに過去10年間にわたる生活上のライフイベントに対して、その変化に対応するために要した努力を点数化し、合計点を求める社会的再適応評価尺

度を作成しました。これによると、配偶者の死は100、離婚は73、ケガや病気は53、結婚は50などとされました。しかし、同じライフイベントでも受け取り方は人それぞれであり、ライフイベントごとに一定のストレスレベルとして決定するのは無理があります。その後、研究の発展とともにストレスそのものの定義が修正されていきました。

　近年、ストレスと、それにより私たちに生じるストレス反応は「特定の環境において求められている要求に対応できないと感じた時に引き起こされるネガティブな感情や考え」であると考えられています。「求められたことに対応できる」という感覚を統制感（Sense of Control）と言いますが、ストレスの新しい定義における「要求に対応できないと感じた」時には、この統制感が低下しています。逆に統制感が高まれば「健康的で」（Menec et al., 1999）、「長生きする」（Menec & Chipperfield, 1997）という研究があります。また、健康とは異なりますが、統制感の高まりは「大学での成績が高い」という結果につながるという研究もあります（Perry et al., 2001）。このことは、自分で統制感を高めるだけでなく、第三者の介入によっても同じ現象が生じると言われています。

C. 社会心理学の応用②：統制感と環境

　では、この統制感を低下させる環境要因とは何でしょうか。先に満員電車の車内の例を挙げましたが、満員電車の混雑は自分ではどうすることもできません。そこで統制感が低下し、ストレスを感じます。隣の人のイヤホンの音も同様です。声をかければボリュームを下げてくれるかもしれませんが、他人に声をかける勇気が必要ですし、思い通りの結果が得られるかはわかりません。したがって、統制感が低下しストレスを感じるのです。統制感の低下は、その後のパフォーマンスにも悪い影響を与えることが実験でわかっています（Sherrod, 1974）。

　ただし、人は統制不可能な状況でもそれを乗り越えようと様々な努力をします。例えばイヤホンをして音楽を聴いている人は、周囲の音を遮断することで統制感を保つ努力をしているとも考えられます。満員電車の中のあなたも周囲の人を押し返したり、舌打ちをしたり、乗り過ごさないようにドア付近までなんとか移動したりと、統制感が低下しないように何らか

の努力をするはずです。しかしそれらの努力が失敗に終わると、もはや環境に抵抗することなく、もみくちゃにされたまま目的の駅へたどり着くということが往々にして起こります。これは統制感の低下がその後のパフォーマンスに悪影響を与えた典型的な例であり、心理学では「学習性無力感」と呼んでいます。

　社会心理学は、このように身近な行動や現象に見られる社会的状況の影響力と、その一方で社会的状況に潜む個人の心理の影響力、そして、その相互関係を実験と調査によって明らかにしていこうとする試みです。

> ## 序章で学んだキーワード
>
> ### ストレス、社会的再適応評価尺度、統制感、学習性無力感

📖 **参考文献**

Holmes, T. H., & Rahe, R. H. (1967). The social readjustment rating scale. *Journal of Psychosomatic Research*, **11**, 213–218.

Menec, V. H., & Chipperfield, J. G. (1997). Remaining active in later life: The role of locus of control in senior's leisure activity participation, health, and life satisfaction. *Journal of Aging and Health*, **9**, 105–125.

Menec, V. H., Chipperfield, J. G., & Perry, R. P. (1999). Self-perceptions of health: A prospective analysis of mortality, control, and health. *Journals of Gerontology Series B Psychological Sciences and Social Sciences*, **54B**, 85–93.

Perry, R. P., Hladkyj, S., Pekrun, R. H., & Pelletier, S. T. (2001). Academic control and action control in the achievement of college students: A longitudinal field study. *Journal of Educational Psychology*, **93**, 776–789.

Sherrod, D. R. (1974). Crowding, perceived control, and behavioral aftereffects. *Journal of Applied Social Psychology*, **4**, 171–186.

第Ⅰ部

"科学する"
社会心理学

第1章 社会心理学の研究方法

❶ 科学的手法の手順

　社会心理学は、社会の中で相互に影響を及ぼし合いながら生きている私たちの心の働きや行動を科学的に解析しようとする学問です。例えば、「人は仲間や友達と一緒に食事に行くと、本当に食べたいものよりも、みんなと同じものを注文してしまう」という仮説があるとします。社会心理学の研究では、このような仮説を調査や実験、観察を通して実証します。

　本書ではまず、この研究方法から紹介します。不思議だなと感じること、なぜだろう？　と思うことを頭の中で考えるだけでなく、調査や実験、観察という手法を用いてその問題にアプローチすることで研究上の新たな発見や問題解決の糸口につながります。

A. 科学的手法の7段階

　社会心理学の研究では、ほかの自然科学や社会科学などの学門領域と同様、科学的手法を用います。その手順は7段階に分けられます。

(1) 関心のある現象を観察し、研究テーマを決める

　研究は、これまで行われてきた先行研究の結果や文献などを参照するだけでなく、身の回りで起きている現象を注意深く観察し、研究テーマを決定するところからも始まります。例えば2020年以降、新型コロナウイルスの世界的なパンデミックが多くの人の気持ちを不安にさせました。その結果、特にコロナ初期において噂やデマを発端にマスクやトイレットペーパーの買い占めが起きるなど、多くの人の行動が惑わされる事態となりました。

　こうした社会の動きを目の当たりにする中で、例えば災害等を含めた非常事態には、なぜデマが拡散しやすいのかに注目することにより、そこに反映される人々の心理状態や行動が研究テーマに設定されることもあるでしょう。

(2) 検証可能な仮説を立てる

　研究テーマを決めたら、次は検証可能な仮説を立てます。仮説とは「仮にこうだったら説明がつく」という予測のことです。仮説を立てる際には思いつきやひらめきだけでなく、①先行研究や既にある情報を調査して自分の思い込みや勘違いを排除する、②(仮説の)検証が可能である、という2点に留意しなければなりません。

(3) 研究方法を特定し、研究を計画する

　仮説の検証は、調査、実験、面接、観察などの中から仮説に適した研究方法を特定することから始めます。これらの方法は科学的でなければいけません。例えば観察といっても、街行く人を漠然と眺めるいわゆる「人間観察」は社会心理学の研究方法とは言えません。科学的であるということは、「ある一定の手続きを踏めば、誰がやっても同じ結果を出すことができる」方法で解を導き出すということです。これを科学的検証方法と呼びます（本章、**第4節**「適切な研究方法を選ぶには？」も参照）。街中での観察でも、例えばどのような人を観察の対象とするのか（e.g. 年代、性別）、いつどこで観察を行うのか（e.g. 時間帯、曜日、特定の地域・場所）、何を記録するのか（e.g. 特定の行動をとっている人の数）などを、研究の目的に応じて事前に決めておき、それに従って実施するのであれば、科学的検証となりえます。

(4) データを収集する

　研究テーマに合った科学的検証方法(調査、実験、面接、観察など)によってデータを収集します。データの形式は、検証方法によって異なりますが、社会心理学で扱う主なデータには、質問紙での回答や実験での行動記録などがあります。

(5) データを分析し結果を記録する

　収集したデータが何を示しているのかを分析し、結果を導き出します。上記の質問紙での回答や行動記録から、主に統計分析を用いて、仮説通りの結果が得られるかどうかを実証します。

(6) 結果を報告する

　結果を論文としてまとめ、報告します。学部生ならゼミ論文や卒業論文、修士・博士課程の大学院生であればそれぞれ修士論文や博士論文、研究者なら学会での発表や専門誌に論文を投稿するなどして報告を行います。

(7) 追試を行う

　科学的手法においては1度の検証では十分とは認められません。検証が行われる状況によって異なる結果が出る可能性があるからです。そこで時期、方法、対象などの条件を変えても同じ結果が得られるかどうかを検証する「追試」が必要になります。仮説は追試によって繰り返し検証され、同じ結果が得られて初めて「一般的法則」だと認められます。

　近年、社会心理学では過去の有名な実験の追試で同じ結果が得られず、一般的法則として疑問視されるという例が見られるようになりました。そこで、この追試が以前にも増して重要視されています。新しいテーマに関する研究結果の報告がほとんどであった専門誌の中にも、追試の重要性を議論する論文や追試の結果を優先的に掲載するものが出てきています。

　本節では、事前に立てた仮説が、得られたデータによって支持されるのかを検証する仮説検証型という種類の研究方法を紹介しました。本書では詳しく扱いませんが、研究方法にはほかにも、収集した事例やデータをもとに仮説を立てる仮説抽出型や、収集したデータから、より広範な研究対象（母集団）における当該変数の確率分布を推定する方法（e.g. ベイズ推定）などもあります。

B. 主な研究方法は調査研究と実験の2種類

　社会心理学では調査、実験、面接、観察といった研究方法を活用しますが、中心となるのは調査研究と実験の2種類です。

　調査研究は、質問紙を用いていくつかの要因を測定し、それぞれの要因間の関連の有無を調べる研究方法です。近年では、調査会社を介すなどして、インターネット上でデータを収集することも増えています。オンライン調査により、大学生だけでなく、社会人からも回答を得られるなど、より広い対象に向けての調査が容易になっています。

　調査研究は相関研究とも言います。これは調査データから抽出された要因間の関係を相関と呼ぶためです。例えば、本書の**第9章**（p.146）では対人魅力に関する調査研究を紹介しています。恋人カップルや夫婦を対象に行われたこの調査では、パートナーを実際よりも魅力的であると認知している人ほど、2人の関係に対する満足度が高く、またその関係が長く持続する

ことを実証しました。このように、ある要因から別の要因を予測したい時には調査研究の方法を採ります。

一方、実験は自然科学の分野では一般的ですが、社会学などほかの社会科学の分野ではあまり行われない社会心理学特有の研究方法です。社会心理学の古典的な実験のいくつかは、**第2章**(p.19)で紹介しています。実験は、ある要因が引き起こされたのは○○によるものなのか否か——つまり、ある要因を変化させたら、その結果、引き起こされる現象も決まった形で変化するのか——という因果関係の特定を目的としています。

「調査研究」と「実験」の違いの第一は、目的が相関関係の予測なのか、それとも因果関係の特定なのかという点です。第二は実現可能性です。以下で詳しく述べますが、実験では検証したいと考える因果関係の要因を実験者が人為的に操作する必要があります。要因の中には、そうした第三者による人為的な操作が現実的ではないものもあります。そのような場合は調査研究を選ぶことになります。以下、両者について詳しく説明します。

② 調査研究とは

A. 独立変数と従属変数

調査研究は、質問紙などを用いて、比較的多数の対象者から個人特性(年齢、性別等)や調査対象者の置かれた状態(人間関係等)について尋ね、それらの関連(相関)を検証する方法です。主に、ある要因から別の要因を予測する時に用いられます。

第9章(p.146)で紹介している調査研究では、カップルや夫婦を対象に、まず、自身とパートナーの性格特性について回答してもらいます。次に、「パートナーをどの程度信頼しているのか／どの程度愛しているのか」などを2人の関係の良好さに関する指標として測定します。そして、調査の1年後、その関係が継続しているかを尋ねました。その結果、性格に関する調査項目で、パートナーの自己評価に比べて、参加者がパートナーをより高く評価しているほど、1年後の関係も良好であることがわかりました。詳しくは**第9章**で述べますが、俗に言う「あばたもえくぼ」あるいは「恋は盲

目」という状態が科学的に実証されたのです。

　調査研究では2つ以上の要因(変数)を測定します。多くの場合、それぞれ「予測する側」と「予測される側」という違いがあり、以下のように区別して呼ばれます。

表1-1　調査研究に関わる2つの要因(変数)

独立変数 (説明変数)	予測する側、原因とされる側の事象を測定する調査項目 (ほかの変数から独立して変化する)
従属変数 (目的変数)	予測される側、結果とされる側の事象を測定する調査項目 (独立変数に従属して変化する)

　なお後述の実験でも同じ用語を用います。前述の調査を例にとれば、①性格に関するパートナーの自己評価および参加者のパートナーに対する評価についての調査項目が独立変数、②1年後にも2人の関係が良好であるか否かについての調査項目が従属変数、ということになります。

B. サンプルの代表性

　調査研究ではサンプル(標本)に代表性が求められます。特定の集団に限定して調査を行うと、その集団に属する個人の特性が影響して調査結果に偏りが生じる可能性が高いからです。例えば、日本人を対象に調査を行う場合、東京都に住む20代の女性ばかりでは日本人を代表しているとは言えず、性別や年齢を問わず全国からランダムにサンプルを抽出する必要があります。これをランダム抽出(無作為抽出)と言います。ランダム(無作為)とは、でたらめで良いというわけではなく、調査対象全体である母集団に属する人がそれぞれ調査対象者として抽出される確率が同じだという意味です。選挙の際の出口調査などでは、調査対象者が同じ性別、特定の年代等に偏らないようにランダムに調査が実施されています。

C. 調査研究の利点
(1) 多くの変数を同時に検証できる

　調査研究では、1部の質問紙に複数の変数や項目を設定できます。した

がって多くの変数を同時に検証することが可能です。

(2) 現実に近い状況を把握できる

調査対象者は日常生活の中で回答するため、より現実に近い状況を把握することが可能になります。特定の状況・環境を人為的に作り出す「実験」との大きな違いです。

D. 調査研究の欠点

調査研究では変数間の因果関係を特定できません。なぜなら、

相関関係 ≠ 因果関係

だからです。例えば「自分と友人が似ているほど(独立変数)、関係満足度が高い(従属変数)」という相関関係が調査研究で明らかになったとします。この結果から2つの変数の因果関係を想像すると以下の3つが考えられるはずです。①類似性→満足度(似ているから満足度が高い)、②満足度→類似性(満足度が高いから似ているように感じる)、③関係継続期間→類似性&満足度(この調査では測定していない「未知の変数(例えば関係継続期間)」が類似性と満足度の両方に影響している)。③の未知の変数は交絡因子と言います。調査研究では、この交絡因子の影響を排除できず、さらに①と②のいずれの方向で変数が影響しているのか特定できません。したがって、相関関係が見られたからといって因果関係があるとは言えないのです。

E. 相関係数：変数間の関連を表す指標

調査研究において測定した複数の量的変数について、変数間の関連の強さと方向性を表す指標を「相関係数」と呼びます(相関係数の詳しい算出方法については、本書では触れませんが、関心のある読者は心理統計学の本を参照してください)。相関係数(r)は、−1.00から1.00の値をとり、数値の絶対値が関連の強さを表します。0.00は「関連(相関)がない」ことを、｜1.00｜は2つの変数が完全な直線関係であることを示しています。符号が正の場合(0.00 < r ≦ 1.00)、1つの変数の値が上がる(下がる)と、もう1つの変数の値も上がる(下がる)という関係性であり、これを「正の相関(Positive Correlation)」と呼びます(**図1-1A**)。例えば、前項で挙げた「自分と友人が似ているほど、関係満足度が高い」という相関関係は、正の相関を表す事例と言えま

す。一方、符号が負の場合($-1.00 \leqq r < 0.00$)、1つの変数の値が上がる（下がる）と、もう1つの変数の値が下がる（上がる）という関係性であり、「負の相関（Negative Correlation）」と呼ばれます（**図1-1B**）。負の相関の事例としては、関係満足度と対人関係ストレスが挙げられます。関係満足度が高いほど、その関係における対人関係ストレスが低い傾向にあるためです。

　本書では、この後の章で調査研究の結果を紹介する際に、相関係数を用いることがありますので、本節の説明を参照してください。

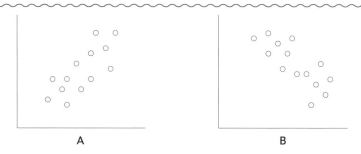

図1-1　正の相関（A）と負の相関（B）を表す散布図

③　実験とは

A. 実験の定義

　実験とは「一定の条件の下で、参加者の置かれた状況や環境の特定の側面について人為的に変更を加えて操作し、もう1つの側面を測定する」という研究方法です。「一定の条件の下で」とは、ある1つの実験室内などで実験状況を作り上げ、その同じ実験状況下ですべての実験参加者に実験を行うことを意味します。

　また、「特定の側面」「もう1つの側面」とは、例えば、友人と一緒に試験勉強をすると試験でより良い成績を取ることができる――という因果関係を確かめるために実験を行う場合、特定の側面とは「友人と一緒に試験勉強をするかどうか」ということを指し、もう1つの側面とは「試験での成績」を表しています。

B. 実験の手順

(1) 独立変数と従属変数の特定

　実験ではまず、研究テーマに則した独立変数と従属変数を特定します。この2つの用語は前述の調査研究でも登場しました。定義は同じですが、より実験に特化した意味とするならば、以下のようになります。

表1-2　実験における独立変数と従属変数の意味づけ

独立変数	（参加者の置かれた状況や環境に）操作を加える面
従属変数	その結果、変化した面

　社会心理学における実験の基本的な枠組みは、この独立変数を操作し、従属変数を測定することです。前述の試験勉強の例では、試験勉強を行う状況（友人と一緒 vs. 一人）が独立変数、試験での成績が従属変数となります。

(2) ランダム配置（無作為配置）

　ランダム配置は、交絡因子の影響を排除し、独立変数に加える操作が従属変数に与えた効果だけを検証するために、操作を加える実験条件と操作を加えない統制条件といった複数の条件に参加者をランダムに配置し、これらの条件間の結果を比較する方法です。例えば、試験での成績には交絡因子として、参加者に元々備わった知能(IQ など)が影響するでしょう。試験勉強を友人と一緒に行う条件と一人で行う条件とに参加者をランダムに配置することにより、どちらかの条件に知能の高い人ばかりが集まるといった状況を回避できます。このように、ランダム配置は、独立変数以外の交絡因子について各条件間で一定程度均等にできるため、従属変数（試験の成績）に条件間で差が見られた場合に、それが独立変数（試験勉強の状況）によって引き起こされたという因果関係を特定できるのです。

C. 実験の利点

　実験では、実験者が人為的に独立変数を操作し、参加者を各条件にランダム配置することによって、調査研究では難しかった、因果関係の特定が

できるようになります。

D. 実験の欠点
　本節 A 項で述べたように、実験は、ある1つの実験室内などで実験状況を作り上げたうえで行われます。そのため、同じ結果が日常の場面でも同様に得られるかどうかまではわかりません。したがって、実験結果の一般化に関する限界が、実験の欠点として挙げられます。

④ 適切な研究方法を選ぶには？

　では具体的に検証したいテーマがあった場合、調査研究と実験のどちらの方法を用いればよいのでしょうか。

A. 目的によって研究方法を選ぶ
　研究方法を選ぶうえでまず注目すべきなのは研究の目的です。研究の目的が「ある特定の要因と別の要因の相関関係を予測すること」であれば調査研究が、「因果関係の特定」であれば実験が適しています。

B. カギは参加者をランダム配置できるか否か？
　ただし、研究テーマだけで判断するのが難しいケースがあります。そのような場合は実現可能性の観点から考えてみるとよいでしょう。すなわち、対象者をランダム配置できるテーマなら実験を、それが不可能なら調査研究を選ぶというやり方です。独立変数と従属変数を特定し、研究者が独立変数を人為的に操作できるのであれば実験を選び、それ以外は調査研究とするわけです。

C. 2つの事例の適切な研究方法
　では以下の2つの研究テーマについて、それぞれ適切な研究方法を考えてみましょう。
【研究1】収入の多い人ほど、自尊心が高いのか？

【研究2】お笑い番組は、1人で見るより、友人と一緒に見るほうが楽しいのか？

　まず、それぞれの研究の目的は、相関関係の予測、因果関係の特定のどちらでしょうか。【研究1】は、収入の増額が自尊心の向上を引き起こすという因果関係を特定することが目的ではなく、収入と自尊心との相関関係を予測することが目的であると言えるでしょう。したがって、調査研究の方が適しています。【研究2】は、お笑い番組を一緒に見る人の有無が、その番組を楽しいと感じる程度に影響を与えるのかという因果関係を検証することを目的としているため、実験の方が適していると言えます。

　続いて、独立変数と従属変数を特定し、独立変数を人為的に操作することができるのかを考えます。【研究1】では独立変数が「収入」、従属変数が「自尊心」です。ということは、独立変数である「収入」を実験者がランダム配置できるか否かが研究方法選択のカギとなります。さて、収入の額は実験者が操作できるでしょうか？　ある一定の基準額を設けて、その基準額よりも収入の多い人を1つの群、少ない人をもう1つの群へ、振り分けることができると考える人もいるかもしれません。しかし、それはランダム配置ではありません。なぜなら、それぞれの参加者は収入額によっていずれの条件に振り分けられるのか、事前に決まっており、実験者はその基準によって割り振っているだけだからです。ランダム配置では、実験参加の時点でいずれの条件に振り分けられるのか、実験者によって決められる必要があります。したがって、収入によってランダム配置をすることはできないので、【研究1】は実験でなく調査研究のほうが適していることになります。

　【研究2】では独立変数が「お笑い番組を見る時の鑑賞者数」、従属変数が「お笑い番組を見た楽しさの度合い」となります。独立変数である「お笑い番組を見る時の鑑賞者数」は、「1人で見る条件」と「友人と2人で見る条件」とを設定し、実験者がそれぞれの参加者をいずれの条件に割り振るかを操作できます。したがって【研究2】の研究方法は実験が適しています。

D. どちらも可能な場合

　以上のように、社会心理学の主な研究方法である調査研究と実験とに優劣はありません。それぞれに一長一短があります。しかし、実験は因果関

係まで特定できることから、両方が可能な場合は実験を選ぶことが好ましいと考えられることも多いです。

また近年では、まず調査研究を行って日常場面における相関関係の有無を調べ、その結果に基づき実験によって因果関係を特定するという、1つの研究テーマに対して調査研究と実験の両方を行うケースも増えています。

❺ メタ分析：研究結果の総合的評価

研究対象としている現象が同じでも、複数の研究が実施されると、研究によって参加者の属性や研究の手続きが異なったり、研究間で結果が一貫しなかったりします。そのため、同じ現象について複数の研究が行われた後、その研究結果を統計的な方法を用いて統合し、総合的な評価を行うことが重要です。これを、メタ分析(Meta Analysis)、またはメタアナリシスと呼びます。1つの研究では結果の解釈や一般化に限界があるため、研究参加者や手続きの異なる研究を総合的に評価したうえで、参加者の属性や研究手続きなど、その現象が起きやすい条件を特定することも可能です。メタ分析を行う際には、分析に含める研究結果に偏りが出ないよう、厳格な手続きに従って実施されます(Cooper, 2016)。

> **第1章で学んだキーワード**
>
> 科学的検証方法、調査研究(相関研究)、独立変数(説明変数)、従属変数(目的変数)、メタ分析

📖 **参考文献**

Cooper, H.(2016). *Research Synthesis and Meta-Analysis: A Step-by-Step Approach* (5th ed.). Sage.

第2章　社会心理学の古典的な実験

　序章でも紹介した通り、社会心理学は、2人以上の人がいる場面で起こる心の動きや行動の変化を研究の対象としています。本書でも後述しますが、社会心理学の代表的な研究テーマである攻撃行動（**第7章**）や援助行動（**第8章**）、対人関係（**第9章**、**第10章**）、ステレオタイプ・偏見・差別（**第12章**）はどれも自分一人では起こりえません。2人以上の人がいてはじめて成り立つ現象です。社会心理学は、その際の私たちの心の働きを実験や調査によって明らかにしようとする分野です。

　例えば、みなさんには周囲の空気に屈して自分の意見を曲げてしまったという経験（**第11章**）はありませんか。このように個人が置かれた特定の状況によって生まれる態度や行動への変化を科学的に分析しようとするのが社会心理学の研究です。よって、社会心理学の歴史は実験とともにあったと言えます。以下、いくつか代表的な実験を紹介します。

❶　トリプレットの社会的促進実験：周囲に人がいるとより努力するか

　みなさんはこの本をどこで読んでいるでしょう。自室ですか？ それとも図書館やカフェですか？ なぜその場所を選んだのでしょう。より学習効率が上がりそうだと考えたからという人もいるかもしれません。本を読んで学習するには、1人で自室にこもるのとほかの人がいる場所に身を置くのと、どちらがよいのでしょうか。

A. 他者の存在は作業量に影響を与える

　この現象に注目したのが19世紀アメリカの心理学者トリプレット（Triplett, N.）です。トリプレットは実際の自転車競技で、単独ではなく複数人で一緒に走ると20%ほどスピードアップする現象に注目しました。そこで、釣りのリールを使って参加者の子どもが1人で釣り糸を巻く場合と、ほかの子どもと一緒に行う（同じ課題を同時に遂行する）場合とのスピードを

比較する実験を行いました。そして、自転車競技と同様にほかの子どもと一緒に作業を行うほうが、スピードが速くなることを明らかにしました（Triplett, 1898）。これは後に、社会的影響（Social Influence）と名づけられ、特に子どもの効果的な学習方法に関する研究の端緒となりました。また、この実験は、心理学の実験を社会生活の場面に持ち込んだ「社会心理学の中で最古の実験的研究」とも言われています（池田ほか，2019; 松井・宮本，2020）。

　その後、オルポート（Allport, F.H.）はこの実験結果をさらに細かく研究しました（Allport, 1920）。この現象がトリプレットの実験のような運動に関する課題だけでなく、単語連想（簡単な課題）や問題解決（難しい課題）といった認知に関する課題でも起きるかどうかを確かめたのです。その結果、多くの認知課題（単語連想などの簡単な課題）で成績の向上が見られ、この「他者が近くにいると成績が向上する」という現象を社会的促進（Social Facilitation）と名づけました。一方で、問題解決（難しい課題）では逆の効果が生じることがわかりました。難しい課題を与えられた場合、他者が近くにいると成績が下がったのです。この現象は社会的抑制（Social Inhibition）と名づけられました。

B. 他者の存在が得意なことをより得意に、苦手なことをより苦手にさせる

　課題の難易度によって、なぜこのような違いが生まれるのか、そのプロセスは長年、未解明でした。

　このなぞを解明したのがザイアンス（Zajonc, 1965）でした。ザイアンス（Zajonc, R.B.）は、これらの現象を、動因（Drive）という原理によって一貫性のある説明ができると考えました（動因説）。動因とは行動を引き起こすために必要な内的状態のことです。ザイアンスが援用したのは、動因が高まるとその個体がもつ「反応レパートリー」の上位にある行動が起こりやすくなるというハル゠スペンスの学習理論です（Spence, 1956）。ここから他者の存在がこの動因を高め、その時点で「反応レパートリー」の上位にある行動が現れると推論したのです。つまり、社会的促進も社会的抑制も生起プロセスは同じなのですが、課題に慣れていたり単純だったりする場合は、作業スピードが速くなり、逆に不慣れだったり複雑だったりする場合は、作

業スピードが遅くなるなど、ある刺激に対して学習された上位の反応が現れると考えたのでした。

　この理論は様々な実験で検証されています。他者の存在が社会的促進として働くか、社会的抑制として働くかは、その人の課題に対する習熟度によるというわけです。他者の存在は、得意なことをより得意に、苦手なことをより苦手にしてしまうのです。さて、あなたにとって、社会心理学の教科書はどの場所で開いたほうがよいでしょう？

❷ リンゲルマンのつな引き実験：他者と一緒に作業すると努力しない

A. 人は他者と一緒だと手を抜く

　前述のトリプレットらの実験は、他者の存在が与える影響についての研究でした。これに対し、他者がそこに存在するだけでなく、同じ集団の一員としてともに課題に取り組み、なおかつ、その集団全体として成績が評価されるような場合には、別の現象が見られます。この現象を最初に研究したのはフランスの農業工学者リンゲルマン（Ringelmann, M.）でした。リンゲルマンは農業の生産性について調べるため、農業学校の生徒たちに個人またはグループでロープや荷車を引っ張らせ、共同作業時における一人あたりのパフォーマンスを測る実験を行いました。

手を抜いても
ばれないよね

図2-1　リンゲルマンのつな引き実験

すると作業人数が増えるごとに1人あたりの作業量が減少し、最多の8人でロープを引っ張った時、各人は1人で引っ張った時の半分以下(49%)の力しか出していないことがわかったのです(Ringelmann, 1913, Kravitz & Martin, 1986；**図2-1**)。

　この現象は社会的手抜き(Social Loafing)、あるいは彼の名をとってリンゲルマン効果(Ringelmann Effect)と呼ばれるようになりました。

B. 手抜きの起こる原因はプロセス・ロス

　それでは、社会的手抜きはなぜ起きるのでしょうか。スタイナー(Steiner, I.D.)はモチベーション・ロス(Motivation Loss、動機づけの減少)と相互調整のロス(Coordination Loss)という2つの理由を挙げ、合わせてプロセス・ロス(Process Loss)と名づけました。

　モチベーション・ロスは集団内での個人のやる気の低下を指します。集団で同じ課題に取り組む場合、一人ひとりのパフォーマンス量が互いにわからなければ、手を抜いても非難されません。よって「自分一人ぐらい手を抜いても平気だろう」というように、モチベーションが低下するわけです。相互調整のロスとは、大勢でタイミングを合わせるといった共同作業に生じる調整過程にエネルギーをさくことで、個人のパフォーマンスが低下することです(Steiner, 1972)。例えば、**図2-1**にあるように、つな引きなどは一人ひとりがどれくらいの力を発揮しているかはわかりません。また、力を入れるタイミングを合わせなければいけません。したがって、社会的手抜きが起きやすくなるというわけです。

　さらに、ラタネ(Latané, B.)は、相互調整の影響を調べるために、参加者自身は集団で共同作業を行っているつもりなのですが、実際には単独で作業を行っているという条件で実験を行いました。すると、相互調整が必要ない場合、つまり相互調整のロスがない場合でも社会的手抜きが起きることがわかりました(Latané et al., 1979)。ここから社会的手抜きは2つのロスが要因なのですが、モチベーション・ロスがより深く関わっていると考えられます。

C. フリーライダーとそれに関連する現象

　社会的手抜きは、前述のつな引きや合唱など個々人のパフォーマンスを合成して集団のパフォーマンスを評価する加算的課題（Additive Task）で起こりやすいとされています。その結果、他者の働きに頼り、自分はその恩恵にただ乗りするフリーライダー（Free Rider）を生みやすくなります（フリーライダー効果）。さらにはこのフリーライダーを嫌い、意識的に努力を控えるサッカー効果（Sucker Effect）という現象が発生することも知られています(Kerr, 1983)。ただし、社会的手抜きを行った実験参加者に作業時の努力量を自己評価させると、ほとんどの人は単独での作業時と変わらなかったと答えます。社会的手抜きは無意識であることが多いのです。

③ シェリフの同調実験：正解がわからない時に他者の回答に同調する

　あなたは友人とともにあるパーティーへ招待されました。招待状には「軽装でお越しください」とあります。でも会場は有名なレストラン。普段着というわけにはいきません。かといって一張羅のドレスは違う気がします。あなたはどのような行動をとるでしょう。同じく招待された友人に連絡をとり、無難な服装を探るのではないでしょうか？

A. シェリフが検証した、みんなに合わせようとする現象

　このように正解がないケースに直面した時、人はその基準を探り、それに沿って行動しようとする傾向があります。シェリフ（Sherif, M.）は、光点の自動運動現象を利用した実験で、この現象が起きる過程を検証しました(Sherif, 1935)。「光点の自動運動現象」とは、暗室の中で動かない光る点を見つめると、やがて動いているかのように見える錯覚のことです。実験参加者は、まず1人ずつ暗室に入り光点が移動した距離を答えます。続いて、3人一緒に先ほどと同じ課題を行います。すると1人（個人判断）の時は3人ともバラバラの値を答えていたにもかかわらず、3人で参加し（集団判断）回答を繰り返すにつれて3人の答えた値は近づいたのです（**図2-2**）。

　こうした現象は日常生活でもよく目にします。例えば、先ほどのパー

ティーの場面でプレゼント交換をすることになったとします。どの程度の
プレゼントを準備すればよいかに正解はありません。本来なら、参加者そ
れぞれの考えに沿ったプレゼントでよいはずです。しかし、多くの人はそ
の場の「相場」や「暗黙のルール」を知りたがり、それに従おうとします。こ
のように集団内で共有される、判断や行動の際の基準やルールを集団規範
(Group Norm)と言います。

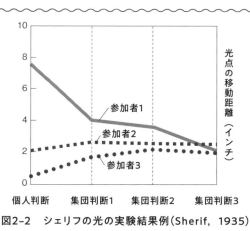

図2-2　シェリフの光の実験結果例(Sherif, 1935)

B. 集団規範の様々な側面

　集団規範は、集団の成員として期待される行動の標準を示すものとされ
ています。罰が科されるわけではない状況においても、人はこの集団規範
に応えようとする傾向があり、また同じ集団に属するほかの成員に対して
も暗黙のうちにこの役割を担うよう期待します。こうした相互作用を繰り
返すうちに集団規範の個々人に対する影響力が高まると考えられています。
　また集団の地位、成員や活動の魅力度が高いほど、その集団にとどまり
たいと思う度合いが高まります。この度合いを集団凝集性(Group Cohesive-
ness)と言い、これが高いほど、集団規範が成員に及ぼす影響が強いと考え
られています。集団規範は、ふだんはあまり意識されていません。しかし、
規範から逸脱する者が現れるとその存在が意識され、集団は逸脱した者に
対して直接的、間接的に圧力を加えると言われています(集団圧力)。また、
この集団規範はメンバーが入れ替わっても存続することが知られており、

かつ文化の形成過程にも影響を与えていると考えられています。

④ アッシュの同調実験：正解が明確であっても他者の回答に同調する

　前項のシェリフの同調実験では、正解がわからない時に他者の回答に同調する現象を検証しました。それでは、正解が明らかな場合はどうでしょうか。例えば大学の講義の有無を担当教員に尋ね、「休講だ」という回答が得られたとします。さらに大学のウェブサイトでも「休講」が表示されていました。しかし友人たちに確かめると、全員が「講義はある」と断言します。そのような時にあなたはどう考え、どのような行動をとるでしょうか。こうした場面を検証したのがアッシュ（Asch, S.E.）の同調実験です（Asch, 1951）。

A. 正解が明らかでも多数派の意見に同調してしまうことがある

　アッシュは実験の条件を整えるため、実験参加者に対し、これが視覚に関する実験であること、参加者同士は初対面であり、互いを知らないことを告げました。しかし、実際は7人の参加者のうち6人はサクラ（実験者の助手）で真の参加者は1人だけでした。実験ではまず、全員に2枚のカードを見せます。1枚目には1本の線分が描かれ、2枚目には3本の線分が描かれています（図2-3）。そして1枚目に描かれた1本の線分と同じ長さの線分を、2枚目のカードに描かれた3本の線分の中から選んでもらいます。1人で行えば正答率は99％以上という簡単な課題です。しかし、ここで6人のサクラ全員

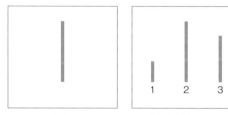

図2-3　アッシュの同調実験

が誤った回答をします。すると残された1人（＝真の実験参加者）はどう答えるか？　というのが実験の流れです。

　この実験を50人の参加者に対して行ったところ、50人中37人（約75％）が少なくとも1回は誤った回答をし、全体の32％でサクラに対する同調が見られました。1人の時の正答率が99％以上と、正解が明らかであるにもかかわらず、多数派の意見に合わせたのです。

B. どのような場合に同調が起きやすいか

　アッシュがこの同調現象への抵抗について、同じ実験方法を用いて調べたところ、サクラの中に正しい回答をする者が1人でもいる場合には参加者の誤答率は5.5％にまで下がりました。したがって、同調行動には多数派の回答が一致していることが重要であることがわかりました。

　そうなると、一見多数派の人数が多くなればなるほど同調現象が起きやすくなるように思われます。しかし、5〜6人までは人数が増えるごとに同調しやすさも高まりますが、それ以降は変化が見られず、逆に同調率が漸減する傾向も見られたのです。

　その後の実験などから、同調の起きやすさは、①集団凝集性が高い、②集団が大きい（ただし5〜6人まで）、③（実験参加者の）集団内での地位が低い、などの要因が関係すると考えられています（Allen, 1965）。

C. なぜ同調は起きるのか

　同調が起きる要因は2つあると考えられています（Deutsch & Gerard, 1955）。1つは情報的影響、もう1つは規範的影響です（pp.190–191）。

　情報的影響がある場合には、多数意見は正解に近いはずだからと自らの判断／行動に取り入れようとします。前述のシェリフの同調実験の結果は、情報的影響によるものだと考えられます。規範的影響の場合には、たとえその行動が間違っているとわかっていても和を乱すことを避け、集団からの承認や賞賛を得ることが行動の動因となります。アッシュの同調実験の結果は、規範的影響によるものです。学校のような集団生活においても同調が起きている場面は容易に想像できます。みなさんも、これら2つの影響について思い当たるふしがあるのではないでしょうか？

　歴史を紐解くと、人は、普段の生活からは想像もつかないような誤った残酷な行動をとることがあるとわかります。近代における代表例がナチス・ドイツによるユダヤ人迫害です。そのナチス・ドイツの官僚だったアイヒマン（Eichmann, A.）はユダヤ人の強制収容所移送を指揮し、迫害に加担した罪で裁判にかけられました。彼は裁判の席上、自分は命令に従っただけだと主張します。これをきっかけに、権威に服従する人間の心理を確かめるべくミルグラム（Milgram, S.）は実験に着手しました（Milgram, 1965）。

A. 精神科医たちの予想をも覆した権威・命令の力

　実験は、アメリカの名門イエール大学の学術研究として学習実験を行うという名目の下、20～50歳のアメリカ人男性40人が参加して行われました。

　参加者は2人1組となり、くじ引きで教師役と生徒役に割り振られました。実は2人1組のうち1人はミルグラムの準備した実験協力者であり、彼らは必ず生徒役になるよう仕組まれていました。

　生徒役（L＝実験協力者）は教師役（T＝真の参加者）から見えない別室で電気椅子に固定され、声だけをインターフォンでやりとりします。教師役は生徒役にテストを出題し、生徒役が間違えるたびに与える電気ショックを

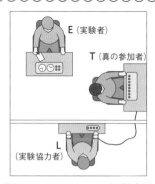

図2-4　ミルグラムの服従実験

1レベルずつ上げるよう、同室の実験者(E)から教示されます(**図2-4**)。

　電気ショックの電圧レベルは15ボルトから450ボルトまで、30段階に分かれています。生徒役は135ボルト(9段階目)でうめき声をあげ、150ボルト(10段階目)で悲鳴とともに実験の中止を哀願し、330ボルト(22段階目)以降で無反応になります。しかし、実際には生徒役(実験協力者)に対する電気ショックは与えられておらず、声もあらかじめ録音された音を再生しているのですが、教師役である真の参加者は自分の行動が生徒役に苦痛を与えていると思い込みます。そのため、多くの参加者が実験の継続をためらいます。しかし、そのたびに同室の実験者(E)からは「続けてください」、「続けることが必要です」、「続けることが絶対に必要です」、「続ける以外に選択肢はありません」と4段階の命令を受けます。これらの命令を教師役(真の参加者)が拒否した段階で実験は終了となります。さて、多くの参加者はどの段階で終了したのでしょうか?

　ミルグラムは精神科医40人に実験結果の予測を依頼していました。精神科医らは、96%以上の参加者が300ボルト(20段階目)以内で実験を終了するだろうと予測し、中には電気ショックを一切与えないだろうとした者もいました。しかし、結果は精神科医らの予想と大きく異なりました。なんと40人中60%以上の参加者(=教師役)が、最大の450ボルト(30段階目)までスイッチを押し続けたのです。

B. 追試でも確認された服従実験の結果

　この実験はミルグラムの服従実験、またはアイヒマン実験とも言われます。ショッキングな研究結果から大きな反響を呼びました。しかし実験そのものの倫理性についても議論を呼び、追試はあまり行われませんでした。最近になり、バーガー(Burger, J.M.)が電気ショックのレベル等に工夫をこらし、ミルグラムの実験の再現を試みました(Burger, 2009)。バーガーの実験でもミルグラムの実験に近い結果が得られています。

　ミルグラムの服従実験では、人は権威ある存在とそこから与えられた規範に対し過度に服従するという現象を検証しました。これに対し、ジンバルドー（Zimbardo, P.）はふつうの人を劣悪な環境に置くとどうなるか、その行動変容について実験を行いました（Haney et al., 1973）。これが後に映画等の題材にもなったスタンフォード監獄実験（模擬刑務所実験）です。

A. 役割から生じた社会的状況が個性を飲み込んでいく

　この実験では参加者を新聞広告で募集し、応募者の中から心身ともに健康で犯罪歴のない24名が選ばれました。24名は看守役と囚人役とにランダムに振り分けられ、看守役は3名1チームで1日8時間、囚人役は1日24時間参加とし、それぞれ1日15ドルの報酬が支払われることになっていました。期間は2週間の予定でした。

　実験は、囚人役の参加者が自宅付近で（実験協力者の）警察によって突然逮捕されるところから始まります。彼らは指紋押なつなど屈辱的な体験を経て、スタンフォード大学の地下に設置された模擬刑務所に収監されると、以降は番号で呼ばれ、囚人服を着せられ、さらには足を鎖につながれました。一方、看守役は制服とサングラスを着用し、警棒と警笛を携帯しましたが暴力は厳禁とされました。模擬刑務所内の生活は格子窓からの監視、手紙やトイレの許可制、違反者への懲罰など実際の刑務所に倣いました。

　看守役にも囚人役にも、どのように振る舞えばいいか、具体的な指示はなかったものの、実験後まもなく、看守役からは命令調で囚人役を侮辱するような言動が増え始めます。一方、囚人役には受動的で自己否定的な言動が目立ち始め、早くも2日目の朝には数名が看守役に抵抗しました。しかし看守役はこれを鎮圧し、逆に抵抗に加担しなかった囚人役を厚遇して彼らの結束にくさびを打ちました。すると囚人役11人中5人に号泣や激怒、極度の抑うつ症状が現れました。看守役は結束を強め、高圧的な態度や理不尽な要求により囚人役を追い込んでいきます。こうした急激な行動の変化は実験者の予想を超えており、実験は予定より早く6日目で打ち切られまし

た。囚人役は打ち切りを喜びましたが、看守役は続行を望んだと言われています。

　ジンバルドーはこのような現象が起きた要因としてアイデンティティの喪失を挙げ、その後の研究で、元来個性的な存在である私たちも、集団の中などの特殊な状況下では没個性化が起こり、役割に没入し自らの自由を制限してしまうことがあるとしました。状況の力が時に個性を上回ることが示されたのです。実験は6日目で中止されましたが、ジンバルドーは中止に躊躇があったことを後に告白しています。その理由として、実験参加者だけでなく、自分自身も実験者という役割に捕らわれていたのではないかと述べています。

B. 役割そのものではなく実験者の教示の影響？

　この実験はミルグラムの服従実験同様に倫理性について議論を呼ぶことになりました。また、その後の研究で看守役の高圧的な態度は、実験者の教示の影響が強かったのではないかという疑問が提出されています。臨床心理士などによる参加者の事前スクリーニングや24時間体制の監視などを含め、参加者らを心理的ダメージから保護するために様々な施策を講じたうえで、実験者の教示の影響を排除した追試験が行われました（Reicher & Haslam, 2006）。実験者が看守役に対して具体的な教示をしなかった追試験では、看守役の参加者が自身の役割に対して疑問を抱くなど、スタンフォード監獄実験とは異なる結果となりました。なお、この追試験は英国BBCのドキュメンタリーシリーズ『THE EXPERIMENT』として記録されています（Haslam & Reicher, 2008）。

第2章で学んだキーワード

> 社会的促進、社会的抑制、社会的手抜き（リンゲルマン効果）、フリーライダー効果、同調、集団規範、集団凝集性、服従

参考文献

Allen, V. L.(1965). Situational factors in conformity. *Advances in Experimental Social Psychology*, **2**, 133–175.

Allport, F. H.(1920). The influence of the group upon association and thought. *Journal of Experimental Psychology*, **3**, 159–182.

Asch, S. E.(1951). Effects of group pressure upon the modification and distortion of judgments. In H. Guetzkow（Ed.）, *Group, Leadership, and Men; Research in Human Relations*（pp.177–190）. Carnegie Press.

Burger, J. M.(2009). Replicating Milgram: Would people still obey today? *American Psychologist*, **64**, 1–11.

Deutsch, M., & Gerard, H. B.(1955). A study of normative and informational social influences upon individual judgment. *Journal of Abnormal and Social Psychology*, **51**, 629–636.

Haney, C., Banks, C., & Zimbardo, P.(1973). Study of prisoners and guards in a simulated prison. *Naval Research Reviews*, **9**, 1–17.

Haslam, A., & Reicher, S.(2008). *The BBC Prison Study*.
http://www.bbcprisonstudy.org/index.php （2022年10月4日閲覧）

池田謙一・唐沢穣・工藤恵理子・村本由紀子(2019). 社会心理学(補訂版) 有斐閣.

Kerr, N. L.(1983). Motivation losses in small groups: A social dilemma analysis. *Journal of Personality and Social Psychology*, **45**, 819–828.

Kravitz, D. A., & Martin, B.(1986). Ringelmann rediscovered: The original article. *Journal of Personality and Social Psychology*, **50**, 936–941.

Latané, B., Williams, K., & Harkins, S.(1979). Many hands make light the work: The causes and consequences of social loafing. *Journal of Personality and Social Psychology*, **37**, 822–832.

松井豊・宮本聡介(2020). 新しい社会心理学のエッセンス 福村出版.

Milgram, S.(1965). Some conditions of obedience and disobedience to authority. *Human Relations*, **18**, 57–76.

Reicher, S. D., & Haslam, S. A.(2006). Rethinking the psychology of tyranny: The BBC prison study. *British Journal of Social Psychology*, **45**, 1–40.

Ringelmann, M.(1913). Recherches sur les moteurs animés: Travail de l'homme. *Annales de l' Institut National Agronomique*, 2nd series, vol. **12**, 1–40.

Sherif, M.(1935). A study of some social factors in perception. *Archives of Psychology*, **187**, 1–60.

Spence, K. W.(1956). *Behavior Theory and Conditioning*. Yale University Press.

Steiner, I. D.(1972). *Group Process and Productivity*. Academic Press.

Triplett, N.(1898). The dynamogenic factors in pacemaking and competition. *American Journal of Psychology*, **9**, 507–533.

Zajonc, R. B. (1965). Social facilitation. *Science*, **149**, 269–274.

第 II 部

「わたしの中の私」
≠
「あなたの中の私」

第3章　自己認知
―「自分とは？」に影響を与える他者の存在

　大学入学後、初めて友人と出かける日の朝―。メイクも服も、「無理してがんばっている感じ」が出ないように、鏡の前で悩んでしまう。

　ようやく決まった服に合わせて、入念にメイクをしていると、弟に「自分の好きな服を着ればいいのに」と言われた。私は、友人に自分がどう見られているのかとても心配だ。でも、そのことは弟には言えなかった。

#自己意識　#理想の自分　#社会的比較　#やればできる

私たちは、普段何気なく生活している中でも、自分の価値観や自分がほかの人からどのように見えているのかを意識しています。こうした自己認知は、私たちの行動にどのように影響しているのでしょうか。また、想定する相手によって、自己評価や感情にどのような影響があるのでしょうか。本章では、他者の存在が自己認知や自己評価に与える影響について説明します。

❶ 「自分は誰なのか？」：課題から見える自己概念

　最初に、ちょっとした課題をしてみたいと思います。もし、みなさんが「自分は誰なのか？（Who am I ?）」と自問自答したとしたら、どのように答えるでしょうか。誰かに自己紹介するというよりも、自分自身に対する回答を思い浮かべ、5項目、書き出してみてください。書き終わったら、それぞれの項目が自分自身に対して肯定的な内容か(e.g. 頭がいい、面白い、幸せである、魅力的だ、など)、それとも否定的な内容か(e.g. 人見知りである、疲れている、寂しがりやである、など)、あるいは肯定的でも否定的でもない中立的なものなのか(e.g. 大学生だ、女性だ、○○サークルに所属している、など)に分類してください。

　これは、人が自分自身についてもつ信念である「自己概念（Self-Concept）」を測定する課題です。研究でも使われている Twenty Statements Test と呼ばれる課題で、実際の研究では、参加者に自分自身に関して20項目を書き出してもらいます(Cousins, 1989)。

　この Twenty Statements Test を、日本人とカナダ人に行った比較文化研究があります(Leuers & Sonoda, 1999)。それぞれ日本人とカナダ人に自分は誰なのか (Who am I ?) という質問に対する回答を20項目書いてもらい、その項目を、実験の補助を行う研究補助者が肯定的か否定的か中立的かに分類し、コーディングしました。その結果を**図3-1**に示しています。横軸が項目カテゴリ、縦軸が各国の参加者が挙げた回答のうち、各カテゴリ項目の割合です。

　まず日本人の回答結果を見ると、中立的な項目が最も多く挙げてお

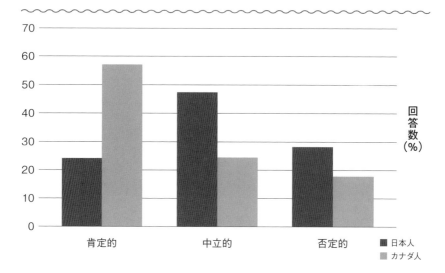

図3-1　自己の特徴として挙げられた各カテゴリ項目の日加別割合
（Leuers & Sonoda，1999を基に作成）

り、日本人の回答の47.48% が中立的な項目でした(e.g. 学生、性別、家族、年
齢など)。残りは否定的および肯定的な項目の回答でおおむね半々になって
います。続いて、カナダ人の回答結果を見てみましょう。カナダ人の回答
では、肯定的な項目が最も多く挙げられており(57.19%；e.g. 頭がいい、面白
い、幸せだ、など)、中立的な項目と否定的な項目の回答が少ないという結
果でした。全体として結果を見ると、日本人は、性別や属性などの役割に
よって自己を認識しており、カナダ人は自己をポジティブな性格特性に
よって捉えていることがわかります。

❷ 自己意識：自分で見つめる自己と他者から見えるだろう自己

　次に、次ページの尺度(**表3-1**)に回答してみてください。

表3-1　自己意識尺度(菅原，1984)

次のそれぞれの項目は、あなた自身にどの程度あてはまりますか。
最もあてはまる数字を1つ選んでください。

1 ——— 2 ——— 3 ——— 4 ——— 5 ——— 6 ——— 7

全くあてはまらない　　　　どちらとも言えない　　　　非常にあてはまる

①自分が他人にどう思われているのか気になる

②自分がどんな人間か自覚しようと努めている

③世間体など気にならない

④その時々の気持ちの動きを自分自身でつかんでいたい

⑤人に会う時、どんなふうにふるまえば良いのか気になる

⑥自分自身の内面のことには、あまり関心がない

⑦自分の発言を他人がどう受け取ったか気になる

⑧自分が本当は何をしたいのか考えながら行動する

⑨人に見られていると、ついかっこうをつけてしまう

⑩ふと、一歩離れた所から自分をながめてみることがある

⑪自分の容姿を気にするほうだ

⑫自分を反省してみることが多い

⑬自分についてのうわさに関心がある

⑭他人を見るように自分をながめてみることがある

⑮人前で何かする時、自分のしぐさや姿が気になる

⑯しばしば、自分の心を理解しようとする

⑰他人からの評価を考えながら行動する

⑱つねに、自分自身を見つめる目を忘れないようにしている

⑲初対面の人に、自分の印象を悪くしないように気づかう

⑳気分が変わると自分自身でそれを敏感に感じ取るほうだ

㉑人の目に映る自分の姿に心を配る

〜〜〜〜〜〜〜〜〜〜〜〜〜〜〜〜〜〜〜〜〜〜〜〜〜〜〜〜〜

　これは、自分で自分の心の中を考えること、つまり「自己意識(Self-Consciousness)」を測定する尺度です。みなさんの得点を計算してみましょう。まず、項目3と項目6を見てください。ほかの項目では、得点が高いほど自己意識が高いことを表していますが、これら2つの項目では表現が逆になっ

ており、得点が低いほど自己意識が高いことを表しています。このように得点の意味する方向性が異なる項目を「逆転項目」と呼びます。測定の方向性が逆になっている逆転項目が含まれる尺度では、統計的な分析に使用する尺度合計点や平均値を算出する前に、測定の方向性をそろえる必要があります。上記の尺度では、まず、項目3と項目6の得点をほかの項目に合わせるよう、処理をします。具体的には、回答形式が1－7の7件法ですので、項目3および項目6で「1」と回答したのであれば得点を「7」に、「2」であれば「6」、「3」であれば「5」、「4」であれば「4」のまま、「5」であれば「3」、「6」であれば「2」、「7」であれば「1」に変換してください。この後の計算では、項目3と6の得点は、この変換後の数値を使用します。

　この自己意識尺度では2種類の自己意識を測定しており、奇数番号が公的自己意識、偶数番号が私的自己意識を測定する項目になっています。したがって、奇数番号の項目と、偶数番号の項目の回答の平均値をそれぞれ計算しましょう。奇数番号の項目に対する回答（項目3に関しては変換後の数値）をすべて足し合わせ、項目数である「11」で割ります。同様に、偶数番号の項目に対する回答（項目6に関しては変換後の数値）をすべて足し合わせ、項目数である「10」で割ります。計算後の得点は、1から7の値をとり、得点が高いほど自己意識が高いことを表しています。

　それでは、私的自己意識と公的自己意識について、それぞれ詳しく見ていきましょう。

A. 私的自己意識

　まず、他者には知られない自分だけが意識できる自分の心理状態や考えを意識するのが、「私的自己意識（Private Self-Consciousness）」です。**表3-1**の偶数番号の項目を見るとわかる通り、私的自己意識の高い人は、自己の考えを意識しています。そのため、周りからの期待や評価ではなく、自分の価値観や考えに従って行動する傾向があります。冒頭の事例に登場した主人公の弟は、おそらく私的自己意識が高いのでしょう。周りの目を気にして服やメイクに悩んでいる姉を見て、「どうしてもっと自分の価値観に合わせて選ばないのだろう」と考えているのです。

B. 公的自己意識

　もう1種類の自己意識は、ほかの人から自分がどのように見られているかを意識する、「公的自己意識(Public Self-Consciousness)」です。**表3–1**の奇数番号の項目に示されている通り、公的自己意識の高い人は、周囲の人の考えや評価に注意を払います。本章の冒頭に書かれた事例に出てくる主人公も、一緒に出かける友人からどのように見られるかを気にして、服やメイクに気を遣っていました。これは、公的自己意識が高いからであると考えられます。ほかにも、公的自己意識の高い人がSNSへ書き込む際には、自分が思ったことを率直に書くのではなく、それを読んだ人がどのように思うのか、その書き込みによって読み手が自分のことをどのように評価するのかを考えてから投稿します。また、「いいね」の数など周囲の評価を気にする傾向があるのも公的自己意識の高い人の特徴と言えるでしょう。

　公的自己意識の高い人が、他者の目を気にするのであれば、拒絶や受容により敏感なはずです。その影響を検証する実験(Fenigstein, 1979)では、大学生に、事前に自己意識尺度(**表3–1**)に回答してもらい、公的自己意識の尺度得点が高かった女子学生と低かった女子学生を本実験にリクルートしました。以下、本実験の流れを、参加者になったつもりで読み進めてみてください。

　実験待合室に案内されると、実験者に「ほかにも参加者が来るので、少々お待ちください」と言われます。しばらく待っていると、もう1人の女性参加者が案内されてやって来ます。特に話をするわけでもなく、静かに待っていると、もう1人、女性参加者がやって来ます。3人で、参加予定の最後の参加者を引き続き待ちます。待っている間、あとから来た2人が話し始めました。あなたが少しでも話すと、「あ、そうですか」と軽くあしらわれ、2人とも目を合わせてくれません。しばらくすると、実験者が部屋へやって来て、「最後の参加者は来ないようです」と伝え、あなたを含めた3人の実験参加者は待合室での経験を元に質問紙に回答しました。あなたは、待合室で待っていた参加者グループに対してどのような印象を抱くでしょうか。また、次に別の課題を行うとしたら、そのグループの人たちと一緒にやりたいと思うでしょうか。

　実は、実験待合室であなたを含めて3人になった時点で、実験操作が行わ

れていました。あとから到着した2人の参加者は、実験協力者（サクラ）で、最初に到着した参加者を拒絶するよう指示されていました（拒絶条件）。この実験では、あなたが参加したグループとは別に、もう1つの条件が設定された参加者がいます。もう1つの条件（受容条件）では、会話中にあとから到着した2人の方から質問を向けられ、最初に到着した参加者が話せば、興味をもって聞いてくれました。この2つの条件では、グループに対する印象や、その後のグループ選択に関する回答は異なるのでしょうか。

みなさんもおそらく想像できたかと思いますが、拒絶条件の参加者に比べ、受容条件の参加者の方が、全体的にグループに対して好意的な印象を抱いていました（**図3-2**）。しかし、拒絶された後の印象には参加者の公的自己意識の高低による差が見られました。つまり、公的自己意識の低い参加者も受容された時に比べて、拒絶された時の方がグループに対してより悪い印象を抱いたのですが、公的自己意識の高い参加者の方が、この差がより顕著に見られました。

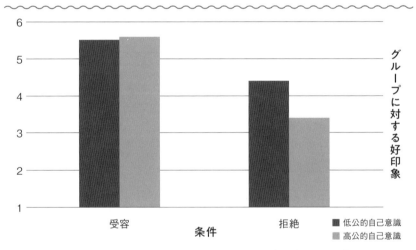

図3-2　公的自己意識と条件によるグループに対する印象差
（Fenigstein，1979を基に作成）

もう1つの従属変数であった、「次の実験でも同じグループで作業を続けたいか」という質問に対する回答も、同様の結果が見られました（**図3-3**）。

全体的に、受容条件に比べて、拒絶条件の方が、同じグループで作業をしたがらない傾向が見られました。そして、拒絶条件では、参加者の公的自己意識の高低による違いが見られ、公的自己意識の低い人に比べて、高い人の方が、拒絶されたグループを次の作業グループとして選択した人の割合がより低くなりました。これらの結果は、つまり、公的自己意識の高い人は、周囲からの評価、特に自分が周囲に受け入れられているのか、拒絶されているのかに敏感で、拒絶されている場合には、その人たちとは距離を置くことが示されています。

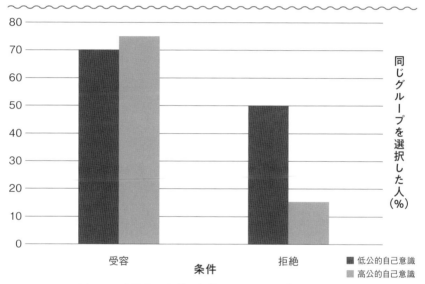

図3-3　公的自己意識と条件によるグループ選択の差異
（Fenigstein, 1979を基に作成）

C. 自己意識の高い人の行動基準

　それでは、私的自己意識の高い人、公的自己意識の高い人は、それぞれ何を基準に行動しているのでしょうか。この問いを検証した実験（Froming et al., 1982）を見てみましょう。

　まず、大学生に体罰についてのアンケートを実施し、自分と周囲の多くの人それぞれが体罰に賛成か反対かに回答してもらいました。その中で、「自分は体罰に反対だが、ほかの多くの人は体罰に賛成している」と考えて

いる学生のみを本実験の参加者としました。その参加者が教師役となり、生徒役の実験協力者に記憶学習をさせ、生徒が間違った解答をするたびに電気ショックを与えました。電気ショックの強さは、参加者自身が選ぶことができ、その強さを測定しました。この課題を行う際、参加者は次の4群のうちのいずれかに無作為に割り振られました。1つ目の群では、（教師役の）参加者の前に鏡が置かれ、自分で自分の姿を見ることによって私的自己意識の高まる条件です。2つ目の群では、心理学の実験がどのように行われるかを見学するための大学生が参加者の両隣に座った状態で課題を行いました。ほかの人に見られているので、公的自己意識は高まるのですが、特に評価されるわけではない条件です。3つ目の群では、参加者の教師としての成功度を評価する観察者が両隣に座った状態で課題を行いました。公的自己意識が高まり、評価されていることも明示された条件です。残りの参加者は、鏡も置かず、観察者も見ていないところで課題を行いました（統制条件）。自分と周囲の人の体罰に対する考え方が一致していないと考えているこの実験の参加者は、それぞれの条件でどの程度の電気ショックを与えたのでしょうか。

　鏡の前で課題を行い、私的自己意識が高められた参加者は、「体罰には反対」という自分の信念に従い、統制条件の参加者よりも、弱い電気ショックを与えました（**図3-4**）。一方、評価者に見られている参加者は、公的自己意識が高められ、「体罰に賛成している」と信じている他者の価値観に従って、統制条件の参加者よりも、強い電気ショックを与えました。しかし、評価をせずに、ただ見学している他者がいる条件では、電気ショックの強さが統制条件と同程度でした。上で述べたように、私的自己意識の高い人は、自分の考えや心理状態に注目しています。したがって、何か行動する時には、自分の価値観に基づいて行動します。一方、公的自己意識の高い人は、自分が他者からどのように見られているのか、どのように評価されているのかを意識しているので、評価している他者がいる状況では、その相手の期待にそうように行動するのです。ただし、他者の存在自体が参加者の行動に影響を与えるわけではないようです。

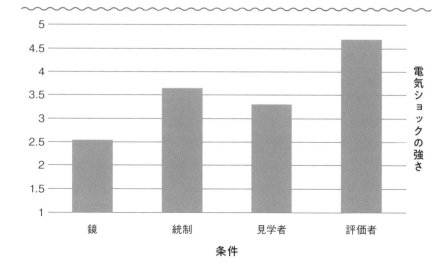

図3-4　実験条件による電気ショックの強さの差異
（Froming et al., 1982を基に作成）

❸ 社会的比較：他者との比較が自己評価に与える影響

　就職活動中、採用面接による選考が始まり、友人が早々に内定をもらったことを知った時、みなさんは、どのようなことを考えるでしょうか。「がんばれば、自分も内定をもらえる！」と自己評価が上がり、がんばれることもあれば、「友人は内定をもらっているのに、どうして自分は内定をもらえないのだろう」と自己評価が低下し、モチベーションが下がることもあるでしょう。一方、自分よりも多くの企業へエントリーシートを出し、面接へ行っているにもかかわらず、内定をもらえない友人の話を聞いて、「自分よりも、友人の方が苦労している」と感じ、心が少し軽くなることがあるかもしれません。

　このように他者との比較を通して自己を評価することを「社会的比較（Social Comparison）」と言います。前者の例は、自分よりも望ましい状態にある他者と比較する「上方比較」です。自信のある時に自分よりも優れた他者と比較することにより、「自分も努力すれば、あの人のように成功でき

る！」と自己成長を促すことが可能です。一方、後者の例は、自分よりも望ましくない不運な状態にある人と比較する「下方比較」です。自信のない時に自分よりも恵まれない状況に置かれた他者と比較することで、「自分もできが悪いが、あの人よりはましだ」と自己防衛をすることが可能です。

このような上方比較と下方比較は、それぞれ、その後の自己評価にどのような影響を与えるのでしょうか。カナダの名門大学の1つ、ウォータールー大学では、大学生の参加者が自分自身について記述する実験が行われました（Lockwood & Kunda, 1999）。半数の参加者は、大学生活において特に誇りに感じた経験である「成功体験」を思い起こし、記述しました（成功体験条件）。残りの半数の参加者は「日常体験」として前日にしたことを想起し、記述しました（日常体験条件）。

その後、それぞれの条件のうち、半数の参加者が学内誌を読みました。学内誌には、とても優秀な成績の学生に関する記事が掲載されており、そこには、この学生は非常に優秀な成績により一流の賞を受賞し、「見事な学業成績である」と大学事務局が称賛していた、と書かれていました（優等生記事条件）。残りの参加者は、地元の動物園に最近登場した動物について紹介された地元紙の記事を読みました（動物記事条件）。この実験では、動物記事条件が統制条件、優等生記事条件が上方比較を引き起こす実験条件です。記事を読んだ後、すべての参加者が自己評価について記述したのですが、実験の最初に想起した自己の体験および、その後に読んだ記事の種類によって、自己評価はどのような影響を受けたのでしょうか。

まず、動物の記事を読んだ動物記事条件（統制条件）では、実験のはじめに普段通りの自己を振り返る日常体験条件に比べ、これまでで特に誇りに感じる出来事を想起した成功体験条件の参加者の方が、高い自己評価をしていました（**図3-5**）。記事を読む前に自分の良いところについて考えることで、自己評価が高まっていたのです。

次に、日常体験について思い浮かべた後で優等生に関する記事を読んだ参加者は、動物記事条件（統制条件）の参加者に比べ、自己をより高く評価していました。普段の自分よりも優れた学生の記事を読むことによって、自分も努力すれば同じように活躍できるかもしれないと望みをもてるようになったため、自己評価が高まったのでしょう。ところが、自分の成功体

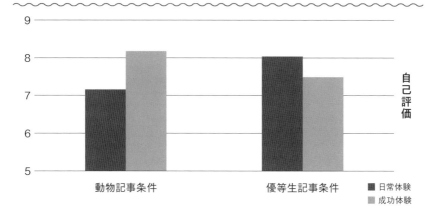

図3-5　社会的比較と自己評価(Lockwood & Kunda, 1999)

験を思い浮かべた後で優等生に関する記事を読んだ参加者の自己評価は、動物記事条件（統制条件）の参加者と統計的に有意な差がありませんでした。自分の中でベストな状態を想像し、自分では成功していると思っていたのにもかかわらず、それよりも優れた人がいることを提示されたため、自己評価が高まらなかったのでしょう。このように、自己に関する認識や評価は、自分の心理状態や比較する他者によって変わります。

　ここまでで、他者の存在や他者との比較が、自己に対する認識や評価に影響を与えることがわかりました。自分自身に関する認識は、さらに、私たちの行動にも影響を与えます。そうした認識の中で、自分には特定の領域において、望んでいる結果を出せる能力があると信じることを「自己効力感(Self-Efficacy)」と呼びます(Bandura, 1977)。

　自己効力感を抱くことによって、実際に自分がとりたい行動をとりやすくなるという実験があります(Blittner et al., 1978)。この実験の参加者は、禁煙を希望している喫煙者です。参加者は、次の3つの条件のうちのいずれかに無作為に振り分けられました。

（1）自己効力感条件

　参加者に「あなたは禁煙意志が強く、自分の欲求や行動をコントロールできるので、このプログラムに参加するよう選ばれた」と伝える。その後、14週間の禁煙プログラムに参加。

（2）治療条件

　参加者に、自己効力感を高めるようなメッセージは提示せず、「抽選の結果、あなたが当選した」と伝える。その後、14週間の禁煙プログラムに参加。

（3）統制条件

　自己効力感を高めるメッセージは提示せず、禁煙プログラムにも参加しない。

　14週間の禁煙プログラム終了後、全員の参加者に連絡をし、禁煙に成功したかどうかを尋ねました。それぞれの条件で、どの程度の参加者が、禁煙に成功したのでしょうか。

　統制条件として禁煙プログラムに参加しなかった実験参加者のうち、禁煙に成功したのは6%のみだったのに対し、治療条件である禁煙プログラムでは28%の参加者が禁煙に成功していました（**図3-6**）。

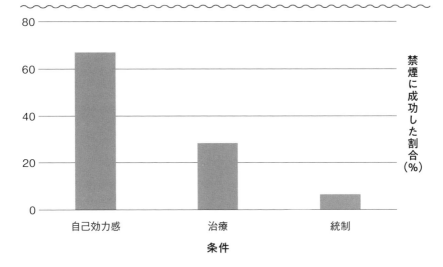

図3-6　自己効力感メッセージと禁煙成功
（Blittner et al., 1978を基に作成）

　さらに、禁煙プログラムへの参加に加え、自己効力感を高めるメッセージを受け取った群（自己効力感条件）では、禁煙プログラムのみに参加した群（治療条件）に比べ、2倍以上となる67％の参加者が禁煙に成功したのです。治療条件と自己効力感条件の参加者は、いずれも14週間の禁煙プログラムに参加しており、唯一の違いは、「抽選で選ばれました」と言われるか、「あなたは禁煙できそうだから、選ばれました」と言われるかという、実験参加に選ばれた理由のみです。つまり、参加者自身に自分は禁煙できると信じさせるかどうかの違いです。「あなたならできる！」と言われると、自己効力感が上がり、実際に成功率が上がるのです。

　では、なぜ「自分ならできる」と信じ自己効力感が高まると、成功につながるのでしょうか。それは、まず、自己効力感が高まることによって、自分の目標に向かって行動を始め、その行動を継続するからです。そうして努力をし続けた結果、当初の目標が達成されるのです。上記の実験と同様、禁煙を例にとって詳しく考えてみましょう（**図3-7**）。

図3-7　予言の自己成就（Myers et al.，2009を基に改変）

　まず、「自分には禁煙に成功する能力がある」という信念をもっているとします。前述の実験の自己効力感条件では、参加者が実験に参加する際に、「（あなたは）禁煙意志が強い」などのメッセージを受け取り、自己効力感を高めています。禁煙していると、ついついタバコを吸いたくなる場面も出てくるでしょう。そうした時に、「自分は禁煙できる！」と信じていると、その衝動を抑え、我慢できるようになります。喫煙したい衝動を抑えることで、禁煙に成功し、当初の信念が達成されるわけです。

　この予言の自己成就（Self-Fulfilling Prophecy）は、様々な信念に適用可能です。対人関係を形成する場面やほかの集団メンバーと接する場面で、どのように予言の自己成就が機能するのかについては、それぞれ**第9章**(p.153)、**第12章**(p.210)を参照してください。

　それでは、逆に、「自分にはできない」と考えた場合、その後の行動はどうなるでしょうか。例えば、大学で毎回小テストが行われる授業を履修しているとします。非常に難しい問題が出題されるので、学期の始めには、一生懸命勉強します。しかし、いくら頑張っても良い点数が取れません。このような状況が繰り返されると、次第に「小テストのために勉強しても無駄だ」と考えるようになります。その後の小テストの中には、勉強すれば良い点数が取れるものもあるかもしれないのですが、努力が成果につながらないと感じているために、まったく努力ができなくなってしまい、「学習性無力感（Learned Helplessness）」（Seligman，1975）に陥ってしまいます(p.6)。その結果、努力すれば良い点数が取れる状況でさえも、努力せず、悪い点数を繰り返すことになるのです（**図3-8**）。

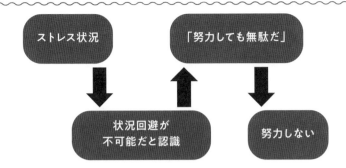

図3-8　学習性無力感

　本章では、他者の存在が自己認知や自己評価に与える影響について学びました。**第1節**で紹介した自己概念に関する課題において、「私は○○大学に所属している」「私は長男である」「私は○○でアルバイトをしている」など、他者との関わりや集団への所属によって自己を定義した人もいたでしょう。また、周囲からの評価を気にする傾向がある公的自己意識の高い人にとっては、実在または想像上の他者が自己の行動に影響を及ぼしています。他者の存在だけでなく、具体的にどのような他者と自己を比較するか（社会的比較）も自己評価に影響します。さらに、自己評価、または自分が目標を達成できると感じているか（自己効力感）が、その後の行動やその帰結を引き起こします。このように、自己という1人の人間に関する認知や評価であっても、周囲に存在する（または存在すると信じている）他者の存在を抜きには考えることができないのです。

第3章で学んだキーワード

自己概念、自己意識、私的自己意識、公的自己意識、社会的比較、自己効力感、学習性無力感

「わたしの中の私」≠「あなたの中の私」　第Ⅱ部

📖 参考文献

Bandura, A. (1977). Self-efficacy: Toward a unifying theory of behavioral change. *Psychological Review*, **84**, 191–215.

Blittner, M., Goldberg, J., & Merbaum, M. (1978). Cognitive self-control factors in the reduction of smoking behavior. *Behavior Therapy,* **9**, 553–561.

Cousins, S. (1989). Culture and selfhood in Japan and the U.S. *Journal of Personality and Social Psychology*, **56**, 124–131.

Fenigstein, A. (1979). Self-consciousness, self-attention, and social interaction. *Journal of Personality and Social Psychology*, **37**, 75–86.

Froming, W. J., Walker, G. R., & Lopyan, K. J. (1982). Public and private self–awareness: When personal attitudes conflict with societal expectations. *Journal of Experimental Social Psychology*, **18**, 476–487.

Leuers, T. R. S., & Sonoda, N. (1999). Independent self bias. *Progress in Asian Social Psychology*, **3**, 87–104.

Lockwood, P., & Kunda, Z. (1999). Increasing the salience of one's best selves can undermine inspiration by outstanding role models. *Journal of Personality and Social Psychology*, **76**, 214–228.

Myers, D. G., Spencer, S. J., & Jordan, C. (2009). *Social Psychology* (Fourth Canadian Ed.). McGraw-Hill Ryerson.

Seligman, M. E. P. (1975). *Helplessness: On Depression, Development and Death*. W. H. Freeman.

菅原健介 (1984). 自意識尺度 (self-consciousness scale) 日本語版作成の試み 心理学研究, **55**, 184–188.

第4章 自己呈示
―周りの人に自分をよく見せる方法

　今日は、1人で人気のカフェに来ている。SNSで話題の店にどうしても来てみたかった。お店に着くと、さっそく話題のスイーツとドリンクを注文。SNSに写真を投稿したいけれど、スイーツだけではなんとなく寂しい。友人と来たかのような写真を撮り、SNSへ投稿した。誰もがやっていることだと思うが、偽りの自分を取り繕っているようで、あまりいい気分がしない。

SNSキラキラ女子 #盛る #承認欲求

人は誰しも、本当の自分を相手に見せたいと思う一方で、周りの人から
ポジティブに評価されたいという欲求ももっています。自分をよく見せる
には、どのような方法があるのでしょうか。

❶ 「盛る」はどこまで許される？

　他者から高い評価を得るために、自己をより魅力的に見せようとする行
動を「自己呈示(Self-Presentation)」と呼びます。例えば、初対面の相手が好き
だと言っていた音楽や映画をあまり好きではないと思っていても、相手に
合わせて自分も好きだと言ってしまった経験があるかもしれません。この
ように相手からの評価が気になり、普段の生活の中で、知らず知らずのう
ちに、自己呈示をしている人も多いのではないでしょうか。

　特にインターネット上では、相手の顔が見えないため、さらに自己呈示
の衝動にかられます。例えば、インターネット婚活・恋活用のサービス利
用者のうち、25％以上が一度はプロフィールを偽った経験があると回答し
ています（Bryn & Lenton, 2001）。虚偽の内容としては、実際とは異なる年
齢を提示する参加者が最も多く（14％）、次に外見（10％）、中には交際状況
（10％）を偽っている利用者もいました。こうしたサービスの利用者は、相
手にとって自分がより魅力的に映るよう、実際とは異なる情報を自己開示
することによって、相手に良い印象を与えていると感じています（Gibbs et
al., 2006）。しかし、インターネット婚活・恋活では、恋人や結婚相手を見
つけることが目的です。サイトの中で相手に興味をもってもらっても、対
面で会った時に、サイトで見たプロフィールや写真と実際の姿が異なる場
合には、かえって悪い印象を与えるでしょう。そのため、プロフィールを
作成する際には、実際の自分をあまり取り繕いすぎず、多少、理想の自分
に近づけた姿を提示することが多いようです（Ellison et al., 2006）。

まず、下の**表4-1**の尺度に回答してみてください。

表4-1　改訂セルフ・モニタリング尺度（石原・水野，1992）

次のそれぞれの項目は、あなた自身にどの程度あてはまりますか。
最もあてはまる数字を1つ選んでください。

1	**2**	**3**	**4**	**5**	**6**
全く あてはまらない	あてはまらない	あまり あてはまらない	やや あてはまる	あてはまる	非常に あてはまる

---

①社会的な場面で、他の人が望むように、自分の行動を変えることができる

②よく、人の目を見てその本当の気持ちを正確に読み取ることができる

③他の人にこう印象づけたいと思うつき合い方をコントロールすることができる

④会話をしている時、一緒にいる人のごく微妙な表情の変化にも敏感である

⑤私の直感力は、人の感情や動機を理解する時には、十分によい働きをする

⑥他の人が、あるジョークを聞いて、うわべはなるほどと思って笑っているようでも心の中では、趣味の悪いジョークだと考えている時には、たいていそれがわかる

⑦自分の描くイメージが相手に伝わっていないと感じている時、それを役立つようなイメージにたやすく変えることができる

⑧普通相手の目を読み取って自分が何か不適切なことを言ってしまったかがわかる

⑨**様々な人や様々な状況に合わせて行動を変えるのに苦労する**

⑩自分の置かれているどんな状況にも適した行動をとることができる

⑪他の誰かが私に嘘をついていれば、普通その人の表現の仕方からすぐにそれがわかる

⑫**たとえそうすれば自分にとって有利になる場合でも、相手によい態度を装うことができ難い**

⑬周囲がそのように要求しているとわかれば、それに応じて行動を調節するのは簡単である

この尺度は、自分の置かれている状況を観察し、それぞれの状況に合わせて行動する傾向である「セルフ・モニタリング（Self-Monitoring）」を測定する尺度（石原・水野，1992）です。この尺度では、項目9と項目12が逆転項目で、ほかの項目と異なり、得点が低いほどセルフ・モニタリング傾向が高いことを表しています（逆転項目についての詳細は**第3章**〔p.38〕参照）。ほかの項目と得点の方向性を合わせるために、項目9と項目12の得点の逆転処理をしましょう。回答形式が1－6の6件法なので、項目9と項目12の回答が「1」であれば得点を「6」に、「2」であれば「5」、「3」であれば「4」、「4」であれば「3」、「5」であれば「2」、「6」であれば「1」に変換してください。次に、尺度得点の平均値を計算しましょう。すべての項目に対する回答（項目9と12については、変換後の得点）を足し合わせ、項目数である「13」で割ります。計算後の得点は、回答形式と同様、1から6までの値をとり、得点が高いほど、セルフ・モニタリング傾向が高いことを表しています。

　セルフ・モニタリング傾向の高い人は、周りに合わせて行動するため、協調派として認識されます。ただ、度が過ぎると、自分の考えをもっていないと思われ、結局、誰からも信頼されなくなることもあるかもしれません。一方、セルフ・モニタリング傾向の低い人は、マイペースで個性派として認識されることが多いです。相手に合わせない分、信用はされやすいのですが、度が過ぎると融通が利かず、付き合いにくいと思われてしまいます。

　個人のセルフ・モニタリング傾向は、日常生活での経験とどのように関連しているのでしょうか。就職活動の場面を想定した実験から考えてみましょう。まず、セルフ・モニタリングの尺度（**表4-1**）に事前に回答してもらい、その中でも特に得点の高かった高モニターと低かった低モニターを本実験にリクルートしました（Larkin & Pines，1994）。

　実験では、まず参加者に求人情報を提示しました。求人情報には2種類あり、半数の参加者は高モニターに適した人材を求める求人情報（高モニター条件）を、残りの半数は低モニターに適した人材を求める求人情報（低モニター条件）を読みました。

(1) 高モニター条件の求人情報

「コミュニケーションスキルの優れた大学生。様々な状況で、多様な人たちと関わるために行動を柔軟に変えることのできる人」

【求められる人材】

自分の置かれた状況を把握し、それに合わせて行動できる高モニター。

(2) 低モニター条件の求人情報

「誠実で、自己の信念に沿った行動ができる大学生」

【求められる人材】

置かれた状況に流されることなく、行動できる低モニター。

各条件には、セルフ・モニタリングの高い人と低い人がともに配置されたため、自分のモニター度に合った求人情報を受け取った参加者と、自分のモニター度に合わない求人情報を受け取った参加者がいました。実験では求人情報を見た後の情動反応を測定しました。ここでの情動反応とは、課題中に感じた快・不快感情や、求人情報にあった採用面接に対する自信などを表しています。自分のモニター度と求人情報の条件との組み合わせによって、参加者は以下、(A) ～ (D) の4つのグループに分けられますが、実験後最もネガティブな反応を示したのは、どのグループでしょうか。

(A) 高モニター用の求人情報を見た高モニター
(B) 低モニター用の求人情報を見た高モニター
(C) 高モニター用の求人情報を見た低モニター
(D) 低モニター用の求人情報を見た低モニター

結果は、**図4-1**に示した通り、(C) です。低モニターは、自己の信念に従った行動をとりたがるので、求人情報が自分の性格に合っていないとネガティブな反応を示します。一方、高モニターは、自分の置かれた状況で求められているものに合わせて自分の行動を変えることが比較的容易にできるので、自分の性格に合っていない低モニター用の求人情報を与えられても、ネガティブ反応を示さないのです。

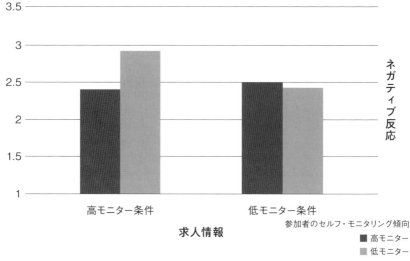

<figure>

3.5

3

2.5

2

1.5

1

高モニター条件　　　　　　低モニター条件

求人情報

参加者のセルフ・モニタリング傾向

■ 高モニター
□ 低モニター

ネガティブ反応

図4-1　参加者のセルフ・モニタリング傾向と求人情報を見た時のネガティブ反応
（Larkin & Pines, 1994を基に作成）

</figure>

❸ セルフ・ハンディキャッピング：失敗前の予防線

　重要な試験の前日に、部屋の掃除をするなど、やるべきこととは別のことをしてしまった経験はないでしょうか。やらなければならないことをやらずにいると、後で失敗する可能性が高まるわけですが、このように、わざと失敗するようなことをしてしまうのはなぜでしょうか。こうした行動を「セルフ・ハンディキャッピング（Self-Handicapping）」と言います。だらしなく見え、「自分をよく見せる」＝自己呈示とは程遠いと思われるかもしれませんが、実は、実際に失敗してしまった時に自尊心を維持できるという側面があります。

　例えば、試験の前日に部屋の掃除をしてしまい試験勉強に十分な時間を割けなかったとします。試験で良い点を取れなくても、「勉強していないのだから仕方がない」と簡単に言い訳ができ、自分の能力が低いわけではないと考えることができます。しかし、もし一生懸命勉強したのにもかかわらず、良い点を取れなかったとしたらどうでしょうか。「あんなに勉強したの

に、良い点を取れなかった。自分は、なんて頭が悪いんだ……」と、自尊心が傷つくことになるでしょう。実際に失敗する前に言い訳を準備しておくことによって、自尊心を維持することができるのです。ただし、やりすぎると、失敗する確率を高めるので要注意です。

④ 好意ギャップ：あなたは自分が思うよりも人に好かれている

　私たちは、できるだけほかの人に好かれたい、認められたいという承認欲求をもっています。そのため、特に初対面の相手から好かれているかが気になり、相手からの評価を推測しています。初対面の人、あるいはつき合いの浅い友人が、自分のことを大切に思っていないのではないかと不安に感じたことはないでしょうか。実は、出会ったばかりの相手は、あなたが予測しているよりも、あなたに好意をもってくれているようなのです。

　ブースバイら(Boothby et al., 2018)は、相手が自分に対して抱いている実際の好意度と、自分が相手からどのぐらい好かれているかという意識＝被好意度認知との乖離を好意ギャップ(Liking Gap)と呼び、一連の実験によって、その存在と発生機序の一部を明らかにしました。最初の実験(Study 1a)では、参加者は初対面の相手と実験室で5分間の会話をした後、相手に抱いた好意の程度と、相手が自分に抱いたと思う好意の程度(被好意度認知)について回答しました。その結果、実際の好意度に比べ、被好意度認知の方が低いことがわかりました(**図4-2A**、**図4-3**)。つまり、あなたが感じている以上に、初対面の相手はあなたに好意を抱いてくれているのです。

　では、なぜ人は相手からの好意度を実際よりも低く見積もってしまうのでしょうか。1つは、相手から自分に対する好意が表出されていないため、それが伝わっていないという可能性です。この可能性を検証するため、ブースバイらは、別の実験を行いました(Study 1b)。実験手続きは、上記のStudy 1aと同様なのですが、この実験では、さらに会話をしている参加者の抱いている好意度を第三者が評定しました。すると、第三者であっても、それぞれの参加者が(会話の)相手をどの程度好きなのかを予測することができたのです（**図4-2B**）。つまり、人は、少なくとも第三者に伝わる程度には、

参加者　　　　相手

A

第三者　　　参加者　　　相手

B

図4–2　好意ギャップ

好意を表出していることがわかりました。

　ということは、好意ギャップの原因は、好意を表出する側にあるわけではなく、その表出された好意を正確に認知することができない受け手の問題のようです。その原因の1つに、好意の受け手が相手からの評価を気にし

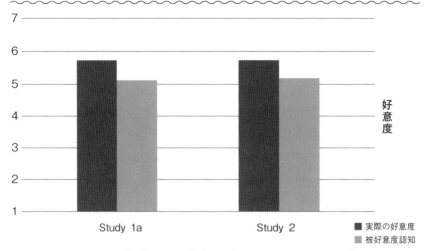

図4-3　好意ギャップの実験結果(Boothby et al., 2018)

すぎて、好意に関するシグナルに気づかない可能性が考えられます。Study
1a と同じ手続きを用いて行った実験(Study 2)では、会話中に自分が考えて
いたことと相手が考えていたと思うことを記述してもらったうえで、それ
ぞれの考えがどの程度ポジティブ（ネガティブ）かについて評定しました。
すると、Study 1a の結果と同じく、相手からの好意度を実際よりも低く見
積もっており、好意ギャップが見られました(**図4-3**)。さらに、相手が考え
ていたことよりも、自分が考えていたことの方がネガティブだった参加者
ほど、相手からの好意度を低く見積もっていました。相手からの評価に不
安を感じている人ほど、実際に相手が思っているよりも好意度が低いと推
測していたのです。相手からの好意度を悲観的に見積もることで、嫌われ
ていた場合の予防線をはっているのかもしれません。

　ところで、このような初対面状況で見られる誤った推測、好意ギャップ
は、その後どのくらい持続するのでしょうか。寮で新しく生活を始めた大
学新入生を対象にした8ヶ月間にわたる縦断調査によると、新生活を始めて
から少なくとも5ヶ月間は、実際の好意度と被好意度認知の間に乖離が見ら
れ、8ヶ月目になるとこの乖離が見られなくなりました(Study 5)。8ヶ月ほ
ど経てば、ルームメートのことが十分理解できてくるので、相手が自分の

ことをどの程度好きなのかをより正確に推測できるのでしょう。

⑤ まとめ：他者との関係形成や維持に必要なスキル？

　本章では、周りの人に自分をよく見せる方法について説明しました。私たちは、相手から好かれたり認められたりするために、実際とは異なる自分の姿を見せることがあります。本章冒頭の事例でも、一人で出かけているにもかかわらず、誰かと一緒に出かけたと見えるように写真を撮影したうえで、SNS へ投稿していました。ほかにも、SNS への投稿前に自分や友人の写真を加工する人もいるでしょう。

　こうした他者に対して自己をよりよく見せようとする自己呈示に加えて、試験前日の部屋の掃除など、（試験に）失敗する可能性を高めたとしても、失敗した時のための予防線をはる（＝勉強していないのだから点数が悪くても仕方がない）行動についても紹介しました。こうしたセルフ・ハンディキャッピングは、失敗時に自尊心が低下するのを防ぐという効果がある一方で、場合によっては本当に失敗してしまうので、注意が必要です。同様に、**第4節**で紹介した好意ギャップについても、初対面の相手から好かれたいと思うあまり、相手からどう思われているか気になり、嫌われた時のための予防線をはっているとも考えられます。ただし、相手からの好意度を低く見積もることにより、せっかく相手が好意を抱いていても、関係形成の機会を逃すことになりかねません。

　一見、非合理的に見えるこうした心理過程や行動は、他者との関係を形成し、社会を構築している社会的動物としての私たち人間にとっては、周りに認められるために必要なスキルなのでしょう。友人や恋人のみならず、SNS 上でつながる他人にまでよく思われたいと、写真を加工したり、プロフィールを偽ったりするのは、コミュニケーションスキルが重要視される現代では、避けられないことなのかもしれません。SNS 上に並んだキラキラした生活に劣等感を抱くこともあるでしょう。しかし、画面の向こうで写真を投稿している友人やインフルエンサーにも自己呈示がはたらいているのかもしれません。本章で学んだ社会心理学の視点で捉え直せば、

自尊心を守るために、あの手この手で試行している姿が見えてきませんか？

> 第4章で学んだキーワード
>
> **自己呈示、セルフ・モニタリング、セルフ・ハンディキャッピング、好意ギャップ、承認欲求**

 参考文献

Boothby, E. J., Cooney, G., Sandstrom, G. M., & Clark, M. S.（2018）. The liking gap in conversations: Do people like us more than we think? *Psychological Science*, **29**, 1742–1756.

Brym, R. J., & Lenton, R. L.（2001）. *Love Online: A Report on Digital Dating in Canada*. https://www.researchgate.net/publication/237605184_Love_Online_A_Report_on_Digital_Dating_in_Canada（2019年7月8日閲覧）

Ellison, N., Heino, R., & Gibbs, J.（2006）. Managing impressions online: Self-presentation processes in the online dating environment. *Journal of Computer-Mediated Communication*, **11**, 415–441.

Gibbs, J. L., Ellison, N. B., & Heino, R. D.（2006）. Self-presentation in online personals: The role of anticipated future interaction, self-disclosure, and perceived success in Internet dating. *Communication Research*, **33**, 152–177.

石原俊一・水野邦夫（1992）．改訂セルフ・モニタリング尺度の検討　心理学研究，**63**，47–50.

Larkin, J. E., & Pines, H. A.（1994）. Affective consequences of self-monitoring style in a job interview setting. *Basic and Applied Social Psychology*, **15**, 297–310.

「わたしの中の私」＊「あなたの中の私」　第Ⅱ部

第5章　原因帰属
―なぜその出来事が起きたのか？

　就職活動を目前に控え、サークルももうすぐ引退。大学生としての最後のテニスの試合。前回大会ではストレート勝ちした相手だ。気持ちに余裕はあったはずなのに、2セット目、3セット目と落としてしまった。周囲も私の勝利を確信していたのに…。やはりもともと才能がなかったのか？　練習不足？　コートが合っていなかった？　考えても答えは出てこない。

#失敗／成功の原因は誰のせい？ #ヒーロー・インタビュー

事例にあるように、何か出来事が起きた時、私たちはその原因について考えます。特にその出来事が予期しないネガティブな結果だった時に、原因を探りやすい傾向があります。例えば、あなたがしっかりと勉強して臨んだ期末試験でよい点数を取った時（予期していたポジティブな結果）よりも、悪い点数を取ってしまった時（予期しないネガティブな結果）の方が、「なぜ、この点数だったのだろうか」と、その原因を推論しやすいでしょう。このように、ある出来事や人の行動に対して、その原因の推論を行うことを「原因帰属（Causal Attribution）」と呼びます。では、原因帰属にはどのような分類があるのでしょうか。また、事実とは異なる原因帰属をすることはないのでしょうか。本章では、主に原因帰属の分類と、原因帰属における認知バイアスについて説明します。

❶ ワイナーの帰属理論：これって誰の（何の）せい？

　ワイナー（Weiner, 1985）の帰属理論では、人は以下の3つの評価軸を用いて、原因帰属をするとされています。

(1) 内的 – 外的：行動または出来事の原因主体が本人（内的）か、本人以外（外的）か。

(2) 安定的 – 不安定的：その原因が、時間の経過によって変化しやすい（不安定的）か、しにくい（安定的）か。

(3) 統制可能 – 統制不可能：原因主体が、その原因を変えることが可能（統制可能）か、不可能（統制不可能）か。

　私たちはこれら3つの評価軸を組み合わせ、様々な原因に帰属します。「社会心理学の期末試験で悪い点数を取った」という事例における原因帰属について考えてみましょう（**表5–1**）。

　まず、悪い点数は、みなさん自身が原因（内的）なのか、それ以外の要因が原因（外的）なのかを考えます。内的帰属をする場合、具体的にどのような原因が考えられるでしょうか。例えば、試験勉強よりも大切なことがあるため、期末試験に向けて「①いつも努力しない」かもしれません。いつも努力しないのであれば、時間の経過に伴って変化しにくいため「安定的」、

表5-1　原因帰属の例：「社会心理学の期末試験で悪い点数を取った」

	内的		外的	
	安定的	不安定的	安定的	不安定的
統制可能	①いつも努力しない	②試験勉強をしなかった	⑤担当教員の試験問題はいつも難しい	⑥たまたま今回の試験問題が難しかった
統制不可能	③自分の能力が低い	④その日の体調が悪かった	⑦担当教員に授業をわかりやすく教える能力がない	⑧クラス全体が授業に集中できる環境ではなかった

みなさんの頑張り次第で努力することは可能なので「統制可能」となります。または、たまたま社会心理学の「②試験勉強をしなかった」のかもしれません。この場合には、試験勉強をしたりしなかったりするため、時間とともに変化しやすく「不安定的」、試験勉強をするかどうかはみなさん自身で決められるため「統制可能」です。

　人によっては、「③自分の能力が低い（頭が悪い）」と考えることもあるかもしれません。能力の高さというのは、時間の経過によって変化しにくいので「安定的」、変えようと思ってもなかなか変えられないので「統制不可能」となります。また、試験勉強はしていたにもかかわらず、「④その日の体調が悪かった」という場合もあるかもしれません。しかし、体調というのは、時間とともに変化しやすく（不安定的）、自分ではなかなか統制できません（統制不可能）。

　それでは、期末試験での悪い点数の原因がみなさん以外にあるとする外的帰属の場合はどうでしょうか。例えば「⑤社会心理学の担当教員が作成する試験問題はいつも難しい」といったことが考えられます。いつも難しい試験問題を作っているということは、時間的変化が少ないと考えられますが（安定的）、教員が問題を易しくしようと思えば変えられます（統制可能）。あるいは、その教員の試験がいつも難しいわけではなく、「⑥たまたま今回の試験問題が難しかった」のかもしれません。この場合、⑤と同じく、試験の難易度は教員によって変えることができますが（統制可能）、時間の経過によって変化しやすい（不安定的）要因です。

また、試験の難易度が原因なわけではなく、「⑦担当教員に授業をわかりやすく教える能力がない」ため、みなさんが授業内容を理解できず、試験の出来が良くなかったと考えることもあるかもしれません（一教員としては、悲しいですが……）。授業の教え方は教員にとっても簡単には変えられず（統制不可能）、今後も変化しにくい（安定的）と言えるでしょう。

　最後に、今年の社会心理学の授業は学生に人気があり、履修生が多いために「⑧クラス全体が授業に集中できる環境ではなく」、授業内容がきちんと理解できなかったせいで、試験の成績がふるわなかったというケースも考えられます。クラス全体の雰囲気というのはそう簡単には変えられませんが（統制不可能）、今年のクラス環境がたまたま悪かったのであれば、今後改善する可能性が高いでしょう（不安定的）。

　「試験で悪い点数を取った」という1つの出来事に対しても、これほど多くの原因が考えられるのです。それぞれの原因を3つの評価軸に当てはめてみましたが、いかがでしょうか。「これは自分の考えと違うな」と感じたところはなかったでしょうか。原因帰属において注意が必要なのは、同じ行動や出来事を観察しても、人によって帰属が違うことがあり、さらには、その具体的な帰属をどの評価軸に分類するかの判断が異なる可能性がある点です。例えば、**表5-1**では、①の「いつも努力しない」を統制可能としましたが、あなたは、元々努力できるタイプの人とできないタイプの人がいて、頑張っても努力量は変えられないと考えるかもしれません。その場合、あなたにとっては、試験で悪い点数を取った「努力しない」という原因が「統制不可能」ということになります。重要なのは、帰属している人、つまり、なぜその行動をとったのか、なぜその出来事が起きたのかと考えている人が、どのように帰属するのか、ということです。

　また、外的帰属の場合には、その原因が統制可能か統制不可能かを考える際に間違いやすいので注意が必要です。例えば、「⑤担当教員の試験問題はいつも難しい」という原因について考えてみましょう。試験の難しさというのは、その原因の主体となっている教員によって変えられるので、統制可能としています。試験を受けたみなさんによる統制が可能かどうかではなく、試験の難しさという原因を生み出している教員によって統制可能かを考える必要があります。同様に⑦の教員の教え方についても、試験を受

けたみなさんによる統制が可能かどうかを考えるのではなく、授業を教えている教員自身によって統制可能かを考えます。

❷ 原因帰属の帰結：失敗した時の思考回路

　出来事や人の行動がどのように帰属されるかを重視するのは、原因帰属の仕方がその後の感情や行動に影響するためです。例えば、原因帰属と抑うつ傾向との関連を調べた104の研究結果を再検討したメタ分析（p.18）では、ネガティブな出来事を内的・安定的な原因に帰属するほど、抑うつ感情が高いことが示されています（Sweeney et al., 1986）。自分が原因でネガティブな出来事が起き、その原因は今後も変化しないだろうと考える人ほど、抑うつ傾向が高いということです。また、統制可能な原因（例：努力不足）に帰属した失敗を経験すると罪悪感を覚え、安定的な原因（例：能力不足）に帰属した失敗を経験すると絶望を感じます（Perry et al., 2005）。つまり、どのような原因帰属をするかが、帰属者の感情やその後のモチベーションに影響を与えるのです。

　原因帰属のパターンは、大学での学業に対するモチベーションや成績にも影響します。もし試験での成績の悪さを自分の努力不足などの内的で不安定的、統制可能な要因に帰属すれば、次はもっと努力しようとモチベーションが上がるでしょう。一方で、成績の悪さを能力不足などの内的で安定的、統制不可能な要因に帰属してしまうと、自分では結果を変えることができないと考え、努力する気になれないかもしれません。では、ネガティブな出来事が起きると悲観的になり、その原因を内的、安定的、統制不可能な要因に帰属する傾向がある人はどうしたらよいのでしょうか。

❸ 再帰属法：気のもちようとは言うけれど…

　ある出来事に対する帰属を修正し、別の原因に帰属させる再帰属法（Attribution Retraining）というトレーニングがあります。具体的には、ネガ

ティブな出来事が起きた時、安定的で統制不可能な原因帰属パターン（例：能力不足）から、不安定的で統制可能な原因帰属パターン（例：努力不足）へと修正するというものです（Perry et al., 2005）。

　トレーニングは研究によって様々な方法で行われますが、主には動画や配布資料などを参加者に提示し、帰属を修正するやり方です。例えば、大学の試験で成績がふるわなかったことを自分の能力不足（安定的・統制不可能）に原因があるとしてモチベーションを下げている場合には、不安定的で統制可能な要因への帰属を促進することで、その後の試験勉強に前向きに取り組めるようになることが明らかになっています。良い成績をとったらそれは自分が頑張ったから、または自分の勉強方法が良かったからだと帰属し、悪い成績をとったら、それは努力不足、または勉強方法が間違っていたと帰属することで、次の試験はより適切な方法でもっと頑張ろうと考えられるようになります。

　また、こうした帰属の修正によって、成績の向上を見込むこともできます。例えば、試験の成績が悪かったことを不安定的な要因に帰属している内容の動画を見て、さらに、その動画の要点をまとめた資料を受け取った大学生は、このような再帰属法トレーニングを受けなかった学生に比べて、その後の成績が高いことが示されました（Noel et al., 1987）。大学での成績に対する再帰属法の効果に関する研究についての詳細は、Perry et al.(2005) を参照してください。効果の程度には個人差があるものの、全体として再帰属法を取り入れることによって、その後のモチベーションが上がり、成績も向上すると言えそうです。

　近年の研究では、大学以外の場面でも、再帰属法の効果が見出されています。例えば、65歳以上の高齢者に対して、「一日のうちで座っている時間が長いのは高齢であることが原因ではない、自分の意志によって変えられる」と教示すると、毎週行われているエクササイズでの歩数が24％増加しました（Sarkisian et al., 2007）。さらに、運動量が増えただけでなく、精神的健康も向上し、日常生活で困難に感じることが減少していました。ネガティブな出来事の原因として、不安定的で統制可能な要因に帰属することを心がけると、様々な場面において、将来に向けてのモチベーションが維持され、より望ましい結果につながるようです。

　私たちが原因帰属をする時、いくつかの認知バイアスが見られることがわかっています。それぞれのバイアスについて、比較軸と帰属のパターンに注意しながら見ていきましょう。

A. 自己高揚帰属バイアス vs. 自己卑下帰属バイアス

　例えば、あなたが3ヶ月間にわたってダイエットに挑戦したとします。ダイエットが成功した場合と失敗した場合のそれぞれで、どのような帰属をするでしょうか。

　ダイエットに成功した場合には、「食事に気をつけたし、最低でも週に3回はジムに行って運動を頑張ったからだ」と考え、ダイエットの成功を内的要因に帰属するかもしれません。一方で、3ヶ月もダイエットしていたのに、一向に体重が減らなかった場合には、「友人には、スイーツを食べに行こうと誘われるし、母親は手の込んだ夕飯を作ってくれるから、残すのも気が引ける。これでは、ダイエットに成功するはずもない」と、ダイエットの失敗を外的要因に帰属するかもしれません。このように、自己の成功を内的要因、失敗を外的要因に帰属する傾向のことを「自己高揚帰属バイアス（Self-Serving Attributions）」と呼びます。成功は自分の手柄、失敗は他者のせい、という帰属傾向です。

　一方で、自己の成功を外的要因、失敗を内的要因に帰属することもあります。これは、「自己卑下帰属バイアス（Self-Effacing Attributions）」と呼ばれます。例えば、野球の試合で勝利したチームの勝ち投手が、ヒーロー・インタビューで「今日の試合で勝てたのは、チームメートが打って点を入れてくれたからです」と言っているのを聞いたことがあるでしょう。自己の成功（試合での勝利）を外的要因（チームメートの得点力）に帰属しています。同じ投手が別の試合で負け投手となった時、「自分の制球が悪かったのが、今日の敗因です」と自己の失敗（試合での敗北）を内的要因（自己の制球の悪さ）に帰属したとします。これが、自己卑下帰属バイアスです。スポーツ選手のインタビューでは、自己卑下帰属バイアスがよく見られます。

ダイエットにおいても、野球の試合においても、本来であれば、結果の良し悪しに関わらず特定の要因が影響しているはずですが、双方とも結果によって帰属パターンが異なっているため、認知バイアス（思い込み）がはたらいていると考えられます。

B. 対応バイアス（基本的帰属エラー）

　ある日電車に乗っていると、男性が妊婦の女性に席を譲っているところを見かけたとします。男性は、なぜ席を譲ったのでしょうか。「その男性が優しいからだろう」と即座に考えたのであれば、それは「対応バイアス」（Correspondence Bias）と言えるでしょう（p.129）。

　他者の行動について原因帰属をする際、その行動をした人自身の内的要因へ帰属しやすく、環境や状況などの外的要因を軽視する傾向があります。席を譲った男性にその理由を聞いてみると、「一緒にいた妻に席を譲るよう勧められた」「弱冷房車で暑かった（ため、ほかの車両に移りたかった）」など、外的要因が影響している場合もあるはずです。それにもかかわらず、他者の行動については内的要因へ帰属してしまうのが、対応バイアスです。ほかにも、店員に文句を言っている人を見て「乱暴な人だ」と思う、難しくて何を言っているのか理解しにくい講義をする教員を見て「コミュニケーション能力が低い教員だ」と感じる、授業中に寝ていたり話したりしている学生を見て「だらしない学生だ」と考えるなど、対応バイアスは普段の生活の中にもあふれています。なお、対応バイアスは、「基本的帰属エラー（Fundamental Attribution Error）」とも呼ばれます。

　対応バイアスに関する実験（Jones & Harris, 1967）を見てみましょう。参加者は、まず、討論者の書いた記事を読みます。この記事には、キューバの政治家カストロ（Castro, F.）を支持する内容のもの（親カストロ記事）と、反対する内容のもの（反カストロ記事）があり、参加者にはどちらか片方が提示されました。さらに、それぞれの記事を読んだ参加者の半数は、討論者が記事での立場（親カストロか反カストロか）を自ら選択した（選択条件）と伝えられ、残りの半数は、討論指導者によって強制的に割り振られた（強制条件）と伝えられました。参加者は、その後、討論者がカストロの政治方針に賛成か反対かを推測しました。

記事で書かれた立場を討論者自身が選択したと伝えられた選択条件では、参加者は記事の内容に討論者の態度が反映されていると推論することが予測できます（**図5-1左 点線**）。一方、記事での立場は討論指導者によって強制的に割り振られたと伝えられた強制条件では、討論者自身の態度が記事の内容に反映されているわけではないという認識から、記事の内容に関わらず、参加者の判断にばらつきが生じ、平均すると討論者は中立な立場であると推論されることが予測できます（**図5-1左 実線**）。

　では、実際の実験結果はどうだったのでしょうか。選択条件では、予測と一貫して、親カストロの記事を書いた討論者は実際にカストロを支持していると判断され、反カストロの記事を書いた討論者はカストロを支持しないと判断されました（**図5-1右 点線**）。しかし、討論者自身の立場が反映されていないと考えられる強制条件においては、予測とは異なる結果が得られました。つまり、記事の内容は、討論者自身ではなく第三者が選択した立場によって書かれたと伝えられても、親カストロの記事を書いた討論者はカストロを支持し、反カストロの記事を書いた討論者はカストロを支持しないと判断されたのです（**図5-1右 実線**）。これは、親カストロ（反カストロ）の記事を書いたという討論者の行動を、討論者自身の態度という内的要因に帰属し、討論指導者によって割り振られたという外的要因の影響を軽視した参加者の対応バイアスであると言えます。

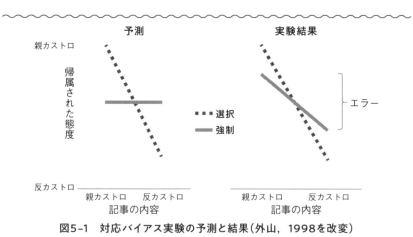

図5-1　対応バイアス実験の予測と結果（外山，1998を改変）

C. 行為者 − 観察者バイアス

　前項で挙げた電車で席を譲った男性の例を、少し視点を変えて比較してみましょう。男性の行動を見ていたあなたが、席を譲った理由を男性の優しい性格（内的要因）に帰属したとします。しかし実際には、男性は、妻の勧め（外的要因）に従って席を譲っていたとします。つまり、その行動をとった本人と第三者で、帰属する要因が異なっています。具体的には、この例で示した通り、私たちは自己の行動を外的要因に、他者の行動を内的要因に帰属する傾向があり、これを「行為者 − 観察者バイアス（Actor-Observer Bias）」と言います。

　クイズ番組を想定した実験（Ross et al., 1977）を例に、行為者 − 観察者バイアスがどのように表れるのかを紹介します。実験参加者はクイズの出題者、解答者、そして観察者のいずれかの立場に割り振られます。出題者にはできるだけ難しい問題を作成してもらいます。解答者には答えられない問題が多くありました。すべての出題が終わると、実験参加者はそれぞれの立場から、出題者と解答者の一般的な知識レベルを評価します。出題者

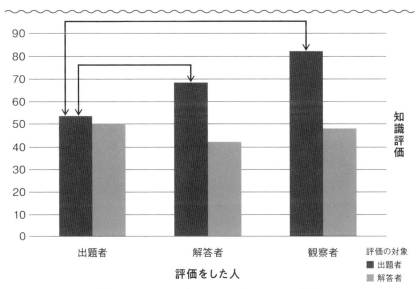

図5-2　「クイズ番組研究」に見られる行為者 − 観察者バイアス
（Ross et al., 1977を基に作成）

と解答者は、自身の知識レベルについても評価します。

　結果は、**図5-2**に示した通りです。出題者に対する評価に着目してみると、出題者自身の評価よりも、解答者と観察者による評価の方が高くなっています。これは、出題者が難問を思いついたことについて、解答者や観察者は出題者の知識量（内的要因）に帰属したのに対して、出題者は自身の知識量以外の外的要因に帰属していることを表しています。したがって、行為者−観察者バイアスを支持する結果と言えます。

　この「クイズ番組研究」を、比較軸を変えて見てみましょう。出題者と解答者に対する評価を比較してみると、出題者自身は自分と解答者に同程度の知識があると評価したにもかかわらず、解答者と観察者は、難問に答えられなかった解答者よりも、出題者の方が知識が豊富であると評価しています。つまり、解答者と観察者は、出題者が難しい問題を思いついたのは、出題者の一般的な知識の豊富さが原因であると考えていたことがわかります。他者（出題者）の行動を、出題者の内的要因（知識の豊富さ）に帰属してい

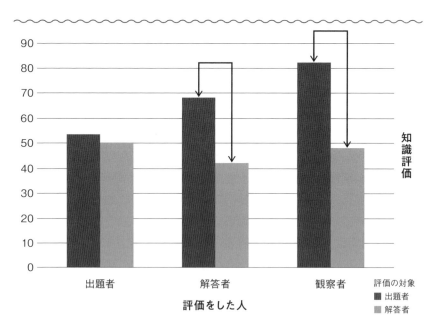

図5-3　「クイズ番組研究」に見られる対応バイアス
（Ross et al., 1977を基に作成）

るため、対応バイアスであると言えます(**図5-3**)。

D. まとめ

さて、これまでに学んだ原因帰属におけるバイアスは、似たようなものが多く、区別が難しいと感じる読者も多いと思います。ここで、まとめて振り返ってみましょう。

それぞれのバイアスについて、帰属する行動・出来事の対象、比較軸、帰属のパターンを**表5-2**にまとめました。

表5-2　原因帰属におけるバイアス

	帰属する行動・出来事の対象	比較軸	帰属パターン
自己高揚帰属バイアス	自己	成功 vs. 失敗	成功 → 内的 失敗 → 外的
自己卑下帰属バイアス	自己	成功 vs. 失敗	成功 → 外的 失敗 → 内的
対応バイアス	他者	内的 vs. 外的	↑内的 ↓外的
行為者−観察者バイアス	自己と他者	自己 vs. 他者	自己 → 外的 他者 → 内的

自己高揚帰属バイアスと自己卑下帰属バイアスは、自分の行動または自分に起きた出来事の成功と失敗について原因帰属をする際に起きます。自己の成功を内的要因に、失敗を外的要因に帰属したら自己高揚帰属バイアス、自己の成功を外的要因に、失敗を内的要因に帰属したら自己卑下帰属バイアスです。

対応バイアスは他者の行動について原因帰属をする際に起き、内的要因を重視し、外的要因を軽視します。最後に、行為者−観察者バイアスは、自己と他者についての出来事や行動について考える際、自己については外的要因に、他者については内的要因に原因帰属をする傾向です。それぞれのバイアスを事例とともに覚えておくと、区別して覚えやすいでしょう。

恋愛関係などの対人関係においても、バイアスは起こります。この場合には、相手との関係に満足しているかどうかによって、帰属のパターンが

異なることがわかっています（Fincham, 2001）。詳しくは**第9章**（p.147）で解説しますが、対人関係における原因帰属については、主に恋愛関係や夫婦関係を対象にした縦断研究で検証されており、関係満足感と帰属バイアスは、双方向に影響していると考えられています（Fincham & Bradbury, 1993）。

❺ まとめ：引きこもりや抑うつ傾向と帰属パターン

　本章では、出来事や行動についての原因を推論する原因帰属について学びました。原因帰属は、主に3つの評価軸によって分類されます。①その原因が行動主体によるものなのか否か（内的－外的）、②原因が時間の経過によって変化しやすいか否か（安定的－不安定的）、そして、③原因主体によってその原因を変えることが可能か否か（統制可能－統制不可能）です。

　特に予期していなかったネガティブな出来事が起きた時、その原因を考えることが多くなりますが、これらの評価軸を用いて、どのような帰属を行うかが、その後の感情やモチベーションなどに影響を与えます。ミスや失敗などのネガティブな出来事を内的で安定的、統制不可能な要因に帰属すると、「頑張っても無駄だ」と考え、その後のモチベーションが下がってしまいます。近年、社会問題となっている引きこもりの当事者や抑うつ傾向をもつ人々の中にも、それまでの努力が結果につながらなかったなどの経験から、このような帰属パターンで学習性無力感（p.48）に陥ってしまっている人がいるかもしれません。既に習慣化している帰属パターンを変えるのは簡単なことではありません。臨床心理学における認知行動療法でも用いられているように、本章で紹介した再帰属法などを通じて、不安定的で統制可能な要因に帰属したいものです。

　また、原因帰属におけるバイアスは、様々な場面で耳にすることでしょう。スポーツ選手のインタビューなどでは、自己高揚帰属バイアスと自己卑下帰属バイアスのどちらも見られます。恋人や友人、家族など他者の行動を理解しようとする時には、その人の特性など内的要因に帰属し、対応バイアスに陥りやすいのですが、本人に聞いてみると外的要因に帰属していることも多く、行為者－観察者バイアスが起きていることがわかると思

いします。

　原因帰属は、無意識のうちにいつでも行っていることです。その中には、本章で紹介した認知バイアスも含まれていることでしょう。普段の生活において、自分がどのような帰属パターンをもっているのかを意識してみると、より建設的な帰属パターンへと修正できるかもしれません。

┌─ 第5章で学んだキーワード ─┐

┌────────────────────────────────┐
│ 原因帰属、自己高揚帰属バイアス、自己卑下帰属バイアス、対応バイ │
│ アス、行為者－観察者バイアス │
└────────────────────────────────┘

 参考文献

Fincham, F. D. (2001). Attributions in Close Relationships: From Balkanization to Integration. In G. J. O. Fletcher & M. S. Clark (Eds.), *Handbook of Social Psychology: Interpersonal Processes* (pp.3–31). Blackwell.

Fincham, F. D., & Bradbury, T. N. (1993). Marital satisfaction, depression, and attributions: A longitudinal analysis. *Journal of Personality and Social Psychology*, **64**, 442–452.

Jones, E. E., & Harris, V. A. (1967). The attribution of attitudes. *Journal of Experimental Social Psychology*, **3**, 1–24.

Noel, J. G., Forsyth, D. R., & Kelley, K. N. (1987). Improving the performance of failing students by overcoming their self-serving attributional biases. *Basic and Applied Psychology*, **8**, 151–162.

Perry, R. P., Hall, N. C., & Ruthing, J. C. (2005). Perceived (academic) Control and Scholastic Attainment in Higher Education. In J. C. Smart (Ed.), *Higher Education: Handbook of Theory and Research* (vol. 20, pp.363–436). Springer.

Ross, L. D., Amabile, T. M., & Steinmetz, J. L. (1977). Social roles, social control, and biases in social-perception processes. *Journal of Personality and Social Psychology*, **35**, 485–494.

Sarkisian, C. A., Prohaska, T. R., Davis, C., & Weiner, B. (2007). Pilot test of an attribution retraining intervention to raise walking levels in sedentary older adults. *Journal of the American Geriatrics Society*, **55**, 1842–1846.

Sweeney, P. D., Anderson, K., & Bailey, S. (1986). Attributional style in depression: A meta-ana-

「わたしの中の私」＊「あなたの中の私」　第II部

lytic review. *Journal of Personality and Social Psychology*, **50**, 974–991.

外山みどり（1998）．基本的な帰属のエラー（Fundamental Attribution Error）をめぐって　大阪大学人間科学部紀要，**24**，231–248.

Weiner, B.（1985）. An attributional theory of achievement motivation and emotion. *Psychological Review*, **92**, 548–573.

第 III 部

あなたを動かす、
他人の言動

第6章　説得／応諾
―相手の意思や行動を変える方法

　私の好きな女優が出演中の化粧品のCMを見て、早速スマホで注文サイトを開いている。彼女の出演しているCMを見ると、本当に必要なのかは考えず、その商品を購入してしまう。CMでは、商品開発に携わった大学教授が、この化粧品が天然成分で作られていることを強調している。これを見て、普段から成分表示まで吟味して買い物をする母が注文方法を聞いてきた。

#衝動買い　#慎重な買い物　#広告　#セールス・トーク

事例にあるように、あなたが CM や広告を見て、その商品を買おうと思ったり、相手から伝えられたメッセージを聞いて、それまでの態度や行動を変えたりするのは、どのような時でしょうか。このように、態度や信念、行動に変化をもたらすプロセスが「説得（Persuasion）」です。本章では、①説得へ至る2つの情報処理ルート、②説得に影響を与える要因、および③相手の直接的な依頼や要求に対して応じる「応諾（Compliance）」を引き出すために用いられる2つの交渉テクニックについて学びます。

❶ 「慎重な買い物」と「衝動買い」：説得への2つの情報処理ルート

　まず、**図6-1**に示された2枚の画像を見てください。禁煙広告として **A** と **B** のどちらの方が説得的だと感じるでしょうか。

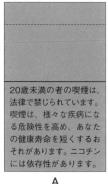

20歳未満の者の喫煙は、法律で禁じられています。喫煙は、様々な疾病になる危険性を高め、あなたの健康寿命を短くするおそれがあります。ニコチンには依存性があります。

A

（公財）日本対がん協会2019
年禁煙ポスター
提供：（公財）日本対がん協会

B

図6-1　2種類の禁煙広告

　A の画像では、なぜ喫煙が健康に悪いのかについて論拠を述べ、依存性についても説明しています。一方、**B** は、人の顔がたばこに吸い込まれている画像とともに「吸われているのは、人間です。」というキャッチコピーを記載することにより、喫煙を続けると健康が蝕まれるという喫煙の弊害に

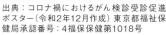

出典：コロナ禍におけるがん検診受診促進
ポスター（令和2年12月作成）東京都福祉保
健局承認番号：4福保保健第1018号

A

協力：AC ジャパン

B

図6-2　2種類のがん検診啓発広告

対して恐怖を感じさせるよう、視覚的に表しています。

　次に、**図6-2**については、**A**と**B**のどちらを目にした時に、がん検診を受けようと思うでしょうか。

　Aでは、ポスターの上部1～3でがん検診の重要性が述べられています。一方、**B**では飲食店を経営している夫が同じ店で働く妻に「店を休みにして一緒にがん検診に行こう」と誘っています。「2人でこれからも店を続けていきたい」という理由でがん検診へ誘う夫に対して、妻が微笑んで応えるという2人のやり取りから、視聴者にも大切な人を想起させ、感情に訴えてがん検診を促す内容となっています。

　人があるメッセージを受けてから、説得されるまでの思考の過程を整理したものを「精緻化見込みモデル（Elaboration Likelihood Model）」と言います。このモデルでは、メッセージの受け手がその内容について考えよう（＝精緻化）と動機づけられているかどうか、さらに、そのように考える能力があるかどうかによって、次の2つのうち、いずれかのルートによる情報処理を行うとされています（**図6-3**、Petty & Cacioppo, 1986）。

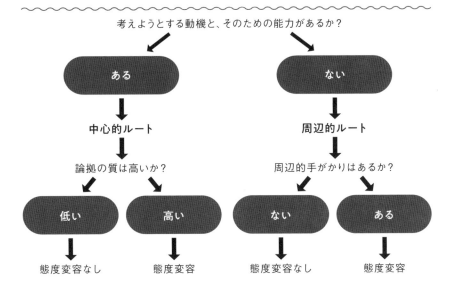

図6-3　精緻化見込みモデル（Petty & Cacioppo，1986を基に改変）

A. 中心的ルート

　まず、受け取ったメッセージの内容について考えようと動機づけられており、そのための能力のある個人が行う情報処理の方法が「中心的ルート（Central Route）」です。前述の禁煙広告（**図6-1**の**A**）とがん検診啓発広告（**図6-2**の**A**）では、それぞれ喫煙の弊害やがん検診の重要性について説明しています。**A**、**B**の広告画像のうち**A**の方をより説得的だと感じた人は、それぞれの広告のメッセージについて、中心的ルートによる情報処理を行ったと言えるでしょう。

　ここで、中高生の方は大学を受験する時（大学生以上の方は志望校を選んだ時）のことをイメージしてみてください。多くの場合は、受験前に複数の大学や学部についての情報を調べるかと思います。その学部で何が学べるのか、どのような授業が行われているのか、卒業後の就職先にはどのような業界が多いのか、などしっかりと吟味して、受験先を決めることでしょう。これは、志望校の選択が入学後4年間（場合によってはそれ以上）の生活に関わることであるため、きちんと考えたうえで決断しようと動機づけられているからです。例えば、学校案内のパンフレットや各大学のウェブサイト

あなたを動かす、他人の言動　第Ⅲ部

などで大学に関する情報を調べたとします。あなたが抱いた上記のような質問への回答が明示された大学を見つけ、その内容があなたの学びたいテーマや大学進学の目的と合致していれば、その学校は受験候補の1つとなるでしょう。

　一方で、あなたがスマートフォンの新機種の購入を検討しているとします。値段やデザインだけでなく、バッテリー容量やカメラ性能、SOCなどのスペックを吟味して比較検討したいにもかかわらず、ある機種について、そうした情報が見つけられなかったとしたら、あなたはどのような印象を受けるでしょうか。細かな性能までしっかりと考えようとしているあなたにとっては、物足りなさを感じるだけではなく、そのような内容を明確に開示していない機種やそのメーカーのスマートフォンを候補から除外してしまうかもしれません。

　実際には、ほとんどの機種について、このような情報が公開されています。少なくとも、メーカーのウェブサイトを調べたり、店舗で尋ねたりすれば、情報を得られるでしょう。それは、スマートフォン購入を検討する際に中心的ルートによる処理を行う人が一定数いるため、そうした消費者が求める情報をメーカーが準備していると言えます。

　中心的ルートでは、このようにメッセージに含まれている論拠に対する入念な吟味が行われます。そのため、各学部で受講することのできる講義内容などの大学の魅力に関する論拠や、カメラ性能やSOCなどのスマートフォンの性能に関する情報がきちんと提示され、その論拠（情報）の質が高ければ、その学部を受験しよう、そのスマートフォンを購入しようと考えるなどの態度変容が起きます。しかし、論拠が提示されていなかったり、提示されていても論拠の質が低い場合には、態度変容は起きません。

　このように中心的ルートでは、提示されたメッセージの内容についての精査を行った結果として態度変容が起こります。そのため、中心的ルートに基づいた態度変容は、長期的に持続し、反論を受けても簡単には覆りません。中心的ルートをたどる説得的コミュニケーションの具体的な応用例としては、健康増進に関する広報が挙げられます。健康増進には長期的な取り組みが必要ですから、現在の生活習慣を変えたり、喫煙など健康を害するとされる行動を抑制したりしたいのであれば、健康維持や病気の予防

について、聞き手が中心的ルートでしっかりと考えようと動機づけられるようなメッセージを広報することが重要です(Petty et al., 2009)。

B. 周辺的ルート

　中心的ルートと対になるのが、メッセージについて深く考えようと動機づけられていない、または考える能力のない個人が行う「周辺的ルート(Peripheral Route)」による情報処理です。前掲の禁煙広告(**図6-1**)、がん検診啓発広告(**図6-2**)において、感情に訴えかける **B** の広告画像のほうをより説得的だと感じた人は、それぞれの広告のメッセージに対して、周辺的ルートによる処理を行っていると言えます。周辺的ルートでは、論拠を吟味するのではなく、論点以外の手がかり(周辺的手がかり)に基づく、短絡的な判断が行われます。

　例えば、テレビやインターネットの広告を見て、その商品を衝動買いしてしまった経験はないでしょうか。その際、特に商品の細かい特徴を気にしたり、他のメーカーの類似商品と入念に比較したりせずに「好きな芸能人がCMに出ていた」「広告のキャッチフレーズが耳から離れなかった」などの理由で、直感的に購入を決めたことでしょう。

　周辺的ルートでは、このように広告やメッセージの内容ではなく、論点以外の周辺的手がかりに基づいて判断します。本章冒頭の事例や上記の例のように、好きな芸能人のCM出演や、宣伝のためのキャッチフレーズといった周辺的手がかりがあれば態度変容が起き、周辺的手がかりがなければ態度変容は起きません。

❷ 説得に影響を与える要素

　それでは、どのような要因が説得に影響を与えるのでしょうか。つまり、どのような人がどのようなメッセージを送った時に、受け手の態度が変化しやすいのでしょうか。ここでは、メッセージの送り手の特徴、メッセージの内容、そしてメッセージの受け手の特徴によって、中心的ルートと周辺的ルートのどちらで処理を行うのか、そして説得されやすいのかについ

て見ていきましょう。

A. メッセージの送り手

　まず、どのような人がメッセージを発信していると、説得されやすいのでしょうか。

　前節で紹介したがん検診の啓発広告の **A**（**図6-2**）は、東京都福祉保健局制作のポスターです。がん検診というテーマについての情報を、専門的で信頼性の高い自治体の専門部署が発信しています。同じ広告を、名前も聞いたことのない企業が掲載していたとしたら、どうでしょうか。おそらく、がん検診を受診しようとは考えないでしょう。前者のメッセージが説得的なのは、専門性と信頼性の高い自治体の掲載したものであるからと言えます。ただし、後述のように、専門家が発したメッセージによって、常に説得が起きるとは限りません。メッセージの送り手の専門性は、特に周辺的ルートに影響します。

B. メッセージの内容

　先ほどの精緻化見込みモデルで見たように、中心的ルートによる情報処理を行っている人は、論拠の質の高いメッセージによって態度変容を起こしやすくなるため、論理的なメッセージが効果的です。一方、周辺的ルートによる処理を行っている人は、メッセージに含まれる論拠にはあまり注意を払いません。したがって、メッセージの論理性よりも、直感的な判断を促進するような、情動へ働きかけるメッセージが効果的です。

　メッセージの特性として、論拠の質の高さ以外に、メッセージの長さも説得に影響を与えます。長いメッセージには多くの情報が含まれるため、それらをよく吟味したうえで、妥当であると判断する人がいます。これは中心的ルートによる情報処理です。この場合にはメッセージの長さというよりも、論拠の質の高さが影響しています。一方、メッセージの内容にあまり注意を払わない周辺的ルートによる処理を行っている人は、長いメッセージを見ただけで「正しいはずだ」と思い、説得されてしまうため、メッセージの長短に影響を受けていると言えます。

　説得に影響を与えるもう1つのメッセージの特徴は、科学的客観性です。

グラフが提示されていたり、何らかの統計データが示されていたりする時、どちらの情報処理ルートに影響を与えるのでしょうか。これは、グラフや統計の内容をきちんと考えるかどうかによります。まず、グラフを読み取ったり、統計データの意味を理解しようとしたりする場合には、中心的ルートによる処理により強い影響を与えます。これは論点に対する科学的根拠が示されているためです。一方で、グラフや統計の内容までは考えずに、「グラフに表示されていることは正しいはずだ」と思い、そのメッセージを信じてしまうのであれば、周辺的ルートに対してより強い影響を与えているということになります。

C. メッセージの受け手

　前述の、①メッセージの送り手、②メッセージの内容に加えて、③メッセージの受け手の特性や状態も、中心的ルート／周辺的ルートのうち、どちらのルートによる情報処理が行われやすいのか、説得されやすいのかに影響を与えます。

　例えば、メッセージ内容について十分な知識をもっている人は、そのメッセージについて熟考できるため、中心的ルートで情報処理を行いやすくなります。逆に、その内容についてあまり知らない人は、メッセージ内容を吟味できないため、周辺的ルートに頼らざるを得ません。

　メッセージの受け手の特徴（メッセージについて熟考する動機があるかないか）によって、メッセージ内容における論拠の質の高さとメッセージの送り手の専門性が態度変容にどのような影響を与えるかを検証した実験（Petty et al., 1981）を紹介します。

　この実験では、アメリカ人大学生が、「所属大学の卒業要件として資格試験の導入が必要である」という趣旨の文章を読みます。設定された3つの独立変数は以下の通りです。

(1) 卒業資格試験の導入予定時期：精緻な思考への動機づけ

　参加者は、卒業資格試験が次年度に導入されると伝えられる動機づけ高群（＝中心的ルート）と、導入は10年後の予定であると伝えられる動機づけ低群（＝周辺的ルート）のいずれかに割り振られました。次年度に導入されることになれば、参加者自身の卒業要件に直接関わるため、参加者の関与が高

まり、精緻な思考が動機づけられます。一方で、10年後の導入であれば、参加者自身には直接影響しないため、熟考が動機づけられません。

(2) メッセージの送り手の専門性

　参加者の半数は、卒業資格試験導入に関する文章が、教育の専門家によって書かれたものだと教示され（専門性高群）、残り半数の参加者は、大学が立地している地域の高校生によって書かれたものであると教示されました（専門性低群）。

(3) メッセージにおける論拠の質の高さ

　論拠の質が高いメッセージでは、統計などの証拠データをもとに、「卒業資格試験を導入した他大学では、成績の低下に歯止めがかかった」などと論じました。一方、論拠の質が低いメッセージでは、メッセージの送り手の個人的な意見や事例に基づいて、「私の友人が卒業資格試験を受けて、今では名門大学で教えている」などと述べました。

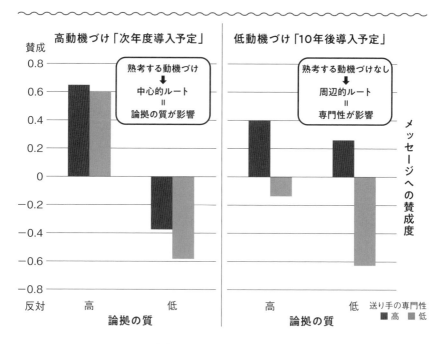

図6-4　参加者の動機づけ、送り手の専門性、
論拠の質が態度変容に与える影響(Petty et al., 1981を基に作成)

実験参加者は、それぞれの条件でメッセージを読んだ後、大学の卒業資格要件への試験導入にどの程度賛成かを尋ねられました。さて、このメッセージに賛成したのは、どの条件の参加者が最も多かったでしょうか。参加者の動機づけ条件ごとに結果を見てみましょう（**図6-4**）。

　まず、次年度から卒業資格試験の導入が予定されていると伝えられた動機づけ高群の参加者は、自分の卒業に関わる内容なので、熟考するよう動機づけられ、中心的ルートによる情報処理を行います。そのため、メッセージの送り手の専門性よりも、メッセージにおける論拠の質の高さの影響をより受けていることがわかります（**図6-4**の左）。つまり、送り手の専門性に関わらず、論拠の質が高いメッセージに賛成し、論拠の質が低いメッセージには反対しています。

　一方で、卒業資格試験の導入が10年後であると伝えられた動機づけ低群の実験参加者は、自分の卒業には直接関係がないため、その是非について特に熟考する動機がありません。したがって、周辺的ルートによる情報処理を行い、論拠の質の高さよりも、メッセージの送り手の専門性の方がその後の態度に影響を与えていました（**図6-4**の右）。具体的には、論拠の質の高低によっては賛成度に違いが見られなかったのに対して、高校生によるメッセージであると伝えられた参加者よりも、教育の専門家によるメッセージであると伝えられた参加者の方が、そのメッセージに対する賛成度が高くなりました。

　つまり、この実験では、中心的ルートによる情報処理を行う人には、説得メッセージが論理的である必要があるのに対し、周辺的ルートによる情報処理を行う人には、メッセージ内容よりも、周辺的手がかりの1つであるメッセージ送り手の専門性のほうが影響力が強いことが示されています。

D. メッセージの受け手が置かれた環境

　また、たとえメッセージの受け手に知識があっても、メッセージについて集中して考えられる状況でない場合には、中心的ルートでの情報処理を行うことができず、周辺的ルートによる情報処理を行うことになります。メッセージについて考えることを求められている場面で、別の作業を同時に行い、情報処理が妨害された場合、その後の態度変容にどのような影響

を与えるのでしょうか。

ペティら（Petty, et al., 1976）の実験では、この問いについて検証していま
す。オハイオ州立大学の学生である実験参加者は、「本学の規定見直しに伴
い、修正案についての意見を求めている。修正案に関するメッセージを聞い
て、関連する質問に回答してほしい」と伝えられます。

この実験における1つ目の独立変数は、ヘッドフォンを通じて聞いたメッ
セージ（学内規定の見直しに関する修正案）における、論拠の質の高さです。
論拠の質の高い提案メッセージと論拠の質の低い提案メッセージは、それ
ぞれ以下のような内容でした。

(1) 論拠の質の高いメッセージ

「担当委員会による**2年間**の議論の結果、授業料の引き上げを要求する。
オハイオは教育に対する州の支出が全米**50位**であり、**図書館システムの更
新および通学用途としての公共交通機関導入**が求められており、資金が必
要なためである。**いくつかの調査によると、こうした改善により、大学の
質が向上すれば、卒業生の平均年収増額につながることが示されている**」

(2) 論拠の質の低いメッセージ

「担当委員会による**2ヶ月間**の議論の結果、授業料の引き上げを要求す
る。オハイオは教育に対する州の支出が全米**10位**であり、**キャンパスの緑
化や通学用バスの導入、および教室への照明導入**が求められており、資金
が必要なためである」

もう1つの独立変数は、情報処理に対する妨害の程度です。実験室の壁に
はスクリーンが設置されており、実験参加者は、同時に2つの課題を行う実
験だと伝えられ、メッセージを聞いている間、スクリーンに表示される「X」
がどこに表示されたかを記録するよう求められました。スクリーンの画面
は、妨害条件によって、それぞれ3秒（高妨害条件）、5秒（中妨害条件）、15秒
（低妨害条件）ごとに切り替わり、「X」はスクリーン四隅のうちのいずれかに
表示されました。統制条件では、この課題を行わず、メッセージのみを聞
かせました。メッセージ終了後、すべての実験参加者に授業料引き上げに
対する賛成度を尋ねました。

さて、論拠の質の高低が参加者のメッセージへの賛成度に及ぼす影響力

は、妨害の程度によって、どのように変化するでしょうか。妨害の少ない状況では、メッセージ内容に十分な注意を払うことができるため、中心的ルートによる処理が行われ、論拠の質の高さによる影響が見られました（**図6-5**）。統制条件および低妨害条件においては、論拠の質の低いメッセージを聞いた参加者に比べ、論拠の質の高いメッセージを聞いた参加者の方が授業料引き上げにより賛成していたのです。一方で、妨害の多い状況（中妨害条件、高妨害条件）では、メッセージ内容について熟考することが難しくなるため、周辺的ルートによる情報処理となり、論拠の質の高さによる態度変容への影響が見られませんでした。

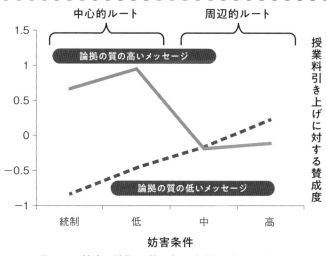

図6-5　妨害と論拠の質の高さが説得に与える影響
（Petty et al., 1976を基に改変）

　この結果を、少し異なる視点から見てみましょう。論拠の質の高いメッセージでは、妨害の程度が高まるほど、メッセージに対する賛成度が下がっていました。実験では、参加者の授業料引き上げに対する賛成度とともに具体的な賛成意見と反対意見も尋ねていたのですが、統制条件（妨害なし、メッセージのみ）において、論拠の質の高いメッセージを聞いた参加者は、より多くの賛成意見を挙げていたのに対し、論拠の質の低いメッセージを聞いた参加者は、より多くの反対意見を挙げていました。

この統制条件において挙げられた賛成意見と反対意見から考えられるのは、論拠の質の高いメッセージを聞いた参加者は、妨害によって賛成意見の想起が抑制され、賛成度が低下したということです。一方、論拠の質の低いメッセージでは、妨害の程度が高まるほど、メッセージへの賛成度が上がっています。これは、通常であれば想起されるメッセージへの反対意見が、妨害によって抑制されたため、賛成度が高まったと解釈できます。

❸ 応諾：要求を受け入れてもらうための交渉テクニック

A. フット・イン・ザ・ドア

　街中で「アンケートにご協力いただけませんか？」と声をかけられたとします。社会心理学のゼミに所属しているあなたは、アンケート調査の参加者を募集する際の手間と苦労を経験しており、3分で回答できるというので、アンケートに協力することにしました。アンケートに回答し終わると、新商品を試食してみないかと勧められます。「無料だし、ちょうどお腹が空いていたからいいか」と試食をすると、その後促されるまま、その商品の定期購入の申込書に記入していました。

　このように、先にコストの小さい要求（第一要求）に応諾した後、コストの大きい要求（第二要求）をされると、コストの大きい要求のみを提示される時に比べて、受け入れやすいことがわかっています。この時用いられているのが、「フット・イン・ザ・ドア（Foot-in-the-Door Technique）」と呼ばれる交渉テクニックです。フット・イン・ザ・ドアとは、訪問セールスマンが玄関先で「せめて、お話だけでも聞いていただけませんか？」と、足をふみだし、ドアを開けてもらう様子を表しています。その要求に「話を聞くだけなら…」と応え、商品の説明を聞いていると、セールスが始まり、買うつもりのなかったその商品を買ってしまいやすくなるのです。

　社会心理学の実験でも、フット・イン・ザ・ドアの効果が支持されています。例えば、フット・イン・ザ・ドアの効果についての最初の実証実験では、カリフォルニアのとある地域の住民が、自宅の庭に「Drive Carefully」と書かれた立て看板を1週間程度設置してほしいと依頼されました（Freedman

& Fraser, 1966)。この看板は、道路から自宅の玄関口が見えなくなるほど
の大きさで、それほどセンスのいいものではなかったため、同意したのは、
17％にとどまりました。これを統制条件とします。

　実験条件の参加者は、まず「Be a safe driver」と書かれた7.5センチ四方の
シールを窓や車に張ってもらうよう頼まれます。この最初の依頼に同意し
た参加者に、統制条件と同じセンスの悪い大きな立て看板を自宅の庭に設
置してもらうようお願いすると、76％が同意したのです。

　別の実験では、カナダのトロント郊外に住む人に対がん協会のバッジを
配布し、バッグなどにつけるよう依頼すると、全員が同意しました。翌日、
対がん協会への募金をお願いすると、募金のみをお願いした時の同意率
46％に比べて、募金同意率が2倍になったことが示されています（Pliner et
al., 1974）。

　フット・イン・ザ・ドアを使い、実際に受け入れてほしい依頼の前に、
必ず相手に同意してもらえるぐらいのコストの低い要求をしておくと、
元々聞いてほしかったお願いが受け入れられやすくなるということです。

B. ドア・イン・ザ・フェイス

　フット・イン・ザ・ドアでは、第一要求に対する応諾が第二要求の応諾
につながりましたが、それとは逆に、第一要求に対する拒否が第二要求の
応諾を引き起こすこともあります。

　例えば、アルバイトの給料日前に自由に使えるお金が足りなくなり、家
族にお金を貸してほしいとお願いしたとします。最初に「1万円を貸してほ
しい」と頼んだところ断られたため、「じゃあ、5,000円でいいから」と譲歩
した結果、「仕方がないなぁ」と5,000円を借りることができました。別の例
として、「私たちの新聞を年間購読してください」とセールスの電話がか
かってきたとします。あなたが「ニュースはインターネットで読んでいるか
ら」と断ると、「一週間の無料購読はいかがですか？」と勧められ、しぶしぶ
無料購読を申し込んでしまったという経験はないでしょうか。

　これらの例で示されている通り、先にコストの大きい要求（第一要求）を
拒否した後、コストの小さい要求（第二要求）を提示されると、第二要求の
みが提示された時に比べて、受け入れやすくなります。これを「ドア・イ

ン・ザ・フェイス（Door-in-the-Face Technique）」と呼びます。名称の意味をイメージしやすくするために、フット・イン・ザ・ドアの時と同様、玄関先までやって来た訪問セールスマンを想像してみてください。玄関を開けると、セールスマンがあなたには必要のない商品（新聞の年間購読や高級な化粧品など）を紹介するので、目の前でドアを閉めてしまいます。この様子がドア・イン・ザ・フェイスです。ところが、そのセールスマンはすぐには諦めず、最初よりも安い商品や「無料お試し」を勧めてきます。そして、そのくらいなら、もう少し話を聞いてもいいかと、再びドアを開けてしまうのです。

　ドア・イン・ザ・フェイスの効果は、どのような実験で示されているのでしょうか。実験参加者になったつもりで、読み進めてみてください。大学の構内を歩いていると、地域若者カウンセリングセンターの職員を名乗る人に話しかけられ、以下のような説明を受けます（Cialdini et al., 1975）。

　「地域青少年センターでは、現在ボランティアを募集しています。ボランティア内容は、非行経験のある少年少女に対する毎週2時間のカウンセリングで、最低でも2年間継続していただける方を希望しています。このボランティアに参加していただけませんか？」

　このようなお願いをされたら、あなたはボランティアに参加するでしょうか。実は、実験参加者のうち、ボランティア参加に同意した人は一人もいませんでした。上記の依頼を断ると、職員は以下のように続けます。

　「そうですか。それでは、別のこちらのプログラムはいかがでしょうか？地域青少年センターの子どもたちの遠足に付き添って、動物園へ一緒に行っていただくボランティアです。1日参加のプログラムで、午後または夕方の時間帯に2時間を予定しています。お手伝いいただけませんか？」

　こちらの遠足の付き添いボランティアへは参加するでしょうか。2年間にわたって週2時間、おそらく経験のないカウンセリングをするという最初の依頼よりも、必要とされる時間もかなり短く、仕事の内容も付き添いなの

で、気軽にできそうです。実際、カウンセリングボランティアの依頼を断った後で、付き添いボランティアに同意した参加者は50％でした。これに対して、付き添いボランティアのみをお願いされた場合には、同じ依頼内容であるにもかかわらず、同意したのは実験参加者のうち16.7％でした。

　つまり、コストの小さい要求（付き添いボランティア）のみをされるよりも、コストの大きい要求（カウンセリングボランティア）を断った後でコストの小さい要求をされる方が、後者への応諾率が高くなっており、ドア・イン・ザ・フェイスが機能していることがわかります。

④ まとめ：閲覧者に適した広告とは？

　本章では、見聞きした広告やメッセージによって、事前に抱いていた態度を変化させる要因や応諾を引き出す交渉テクニックについて学びました。態度変容にはまず、説得的メッセージの受け手がその内容について考えようと動機づけられているかどうかが重要であることがわかりました。考えようと動機づけられている場合には、中心的ルートによる情報処理を行うため、メッセージの論拠の質の高さが態度変容に影響します。一方で、動機づけが低い場合には、周辺的ルートによる情報処理を行うため、情動に訴えかけたり、統計やグラフなどを用いることでメッセージが「正しいはずだ」と捉えやすくしたりするなど、短絡的な判断に影響を与える手がかりがあると、態度変容が起きやすくなります。

　テレビ CM や駅構内に掲示されている広告などは、それらを目にする人が内容について特に関心をもっていないことが多いので、周辺的ルートによる情報処理が行われることを見越して、詳細な論拠を示すよりも、インパクトを重視した表現のものがほとんどです。ただ、掲示広告の中には、関心をもった人が熟考の末に判断できるような内容も掲載されていたり、詳細情報について調べられるように URL や問い合わせ先が記載されていたりするものもあります。こうした視点で CM や広告を分析してみると、何か新しい発見があるかもしれません。

　応諾を引き出すためのテクニックであるフット・イン・ザ・ドアとドア・

イン・ザ・フェイスは、用語としては聞いたことがなくても、普段から見聞きしたり、知らないうちにこれらのテクニックを使っていたりする人も多いと思います。どちらのテクニックの方が効果的かを検証した実験では、一貫した結果が得られていませんが、相手に応諾してほしいお願いをする前に、必ず受け入れてもらえる要求か、拒否されることが明確な要求のいずれかを先にしておくと、元々応諾してほしかった要求も受け入れてもらいやすくなるでしょう。

> **第6章で学んだキーワード**
>
> 説得、応諾、精緻化見込みモデル、中心的ルート、周辺的ルート、フット・イン・ザ・ドア、ドア・イン・ザ・フェイス

📖 **参考文献**

Cialdini, R. B., Vincent, J. E., Lewis, S.K., Catalan, J. Wheeler, D., & Darby, B. L. (1975). Reciprocal concessions procedure for inducing compliance: The door–in–the–face technique. *Journal of Personality and Social Psychology*, **31**, 206–215.

Freedman, J. L., & Fraser, S. C. (1966). Compliance without pressure: The foot-in-the-door technique. *Journal of Personality and Social Psychology*, **4**, 195–202.

Petty, R. E., Barden, J., & Wheeler, S. C. (2009). The Elaboration Likelihood Model of persuasion: Developing Health Promotions for Sustained Behavioral Change. In R. J. DiClemente, R. A. Crosby, & M. C. Kegler （Eds.）, *Emerging Theories in Health Promotion Practice and Research* (pp.185–214). Jossey-Bass.

Petty, R. E., & Cacioppo, J. T. (1986). The elaboration likelihood model of persuasion. *Advances in Experimental Social Psychology*, **19**, 123–205.

Petty, R. E., Cacioppo, J. T., & Goldman, R. (1981). Personal involvement as a determinant of argument-based persuasion. *Journal of Personality and Social Psychology*, **41**, 847–855.

Petty, R. E., Wells, G. L., & Brock, T. C. (1976). Distraction can enhance or reduce yielding to propaganda: Thought disruption versus effort justification. *Journal of Personality and Social Psychology*, **34**, 874–884.

Pliner, P., Hart, H., Kohl, J., & Saari, D. (1974). Compliance without pressure: Some further data on the foot-in-the-door technique. *Journal of Experimental Social Psychology*, **10**, 17–22.

第7章　攻撃行動

　　ある日、大学の友人から相談をもちかけられた。すごく話しにくそうだったが、ようやく口を開いた友人は、恋人からの束縛がつらいと打ち明けた。暴力を振るわれるわけではないが、離れていても常に居場所を確認され、毎日帰宅時の連絡をしないと何通もメールが届くという。これも一種の暴力だと思い、デートDVの相談窓口を調べて、連絡するよう伝えた。

#DV #暴力 #身体的暴力を真似る男の子、言葉の暴力を真似る女の子

社会心理学の領域で扱われる攻撃行動とは、どのような行動を指すのでしょうか。様々な定義がありますが、本書では、「他者に危害を加えようと意図された行動」とします。攻撃行動には、暴力のような身体的危害だけでなく、仲間外れなどの精神的危害も含まれますが、「意図された行動」という点が重要です。もし、その相手に危害を加えようと意図していないにもかかわらず傷つけてしまったという場合には、攻撃行動にはあたりません。例えば、酒気帯びの運転手が子どもを車ではねてしまったというような状況では、子どもに危害を与えてはいるのですが、酒気帯びということで意図的な行動にはあたらず、攻撃行動の定義には当てはまらないということになります。

　また、実際に危害を加えたかどうかは関係ありません。道でぶつかってきた相手に腹を立て、殴ろうとしたものの、相手が避けたため当たらなかったという事例でも、相手を傷つけようと意図しているので、攻撃行動にあたります。

　ただし、この意図されたかどうかという判断は、攻撃行動の行為者、被害者、観察者などの立場によって異なります。本章冒頭の事例でも、友人の恋人には特に傷つける意図はなく、好きな相手を心配するあまり彼女の行動を把握していたいと感じて居場所を確認したり、帰宅連絡を求めたりしているのかもしれません。ただ友人はそうした束縛をつらいと感じ、恋人が自分を傷つけようと意図しているのだと考えることもあるでしょう。この場合、特定の行動であっても、恋人の立場からは攻撃行動ではなく、友人の立場からは攻撃行動であるということになります。このように、立場によって判断が異なるため、相手を傷つける意図があったかどうかを攻撃行動の定義に含めるべきではないと考える研究者もいます(Buss, 1961)。

❶ 2種類の攻撃行動

　攻撃行動は、その目的によって2種類に分類されます。1つ目は「敵意的攻撃(Hostile Aggression)」と呼ばれるものです。これは、怒りの感情を伴って相手に苦痛を感じさせようとする行動で、相手に腹が立ったので、その相

手に苦痛を感じさせようと、身体的または精神的危害を加えることを指します。例えば、「友人に悪口を言われて腹が立ったので、その友人を叩いた」などが敵意的攻撃の事例として挙げられます。おそらく攻撃行動と聞いて、すぐに思いつくのはこの敵意的攻撃ではないでしょうか。

もう1種類の攻撃行動として「道具的攻撃（Instrumental Aggression）」と呼ばれるものがあります。これは攻撃そのものとは別の目的を達成するために攻撃行動を道具または手段として使用することです。したがって、相手に危害を加えること自体は目的ではなく、それとは別の目的を達成するためにその相手に危害を加える行動を指します。例えば、子どもが公園のブランコに乗りたいと思い、ブランコの近くに立っているほかの子を押しのけたとします。この場合、「ブランコに乗る」という目的があり、それを達成するために、並んでいるほかの子、つまり、その目的を妨げている相手に危害を加えているため、道具的攻撃となります。

道具的攻撃という単語の中に「道具」という言葉が含まれるため、道具を使用した攻撃だと誤解されやすいのですが、道具を使用した攻撃であっても、相手に苦痛を感じさせること自体が目的であれば敵意的攻撃になります。上記で敵意的攻撃の例として挙げた「悪口を言われた相手に腹を立てたので叩いた」について、考えてみましょう。「叩く」という行為を、例えば自分の持っていたカバンや傘など、何かしら道具を使って行っていたとしても、相手に腹を立てたからという理由であれば敵意的攻撃にあたります。つまり、ここでは相手を傷つけるにあたって道具を用いてはいますが、その行動が怒りの感情に基づいているため敵意的攻撃になります。攻撃行動自体を相手を傷つけることとは別の目的を達成するために使用している場合が道具的攻撃です。

❷ 攻撃性は生まれつきなのか、それとも学習するのか

私たちのほかの行動と同様に、攻撃行動を取りやすい個人特性としての攻撃性に関しても、生まれながらにして攻撃行動を取りやすい人がいるのか（先天性）、それとも生まれた後に学習するのか（後天性）という「先天性－

後天性論争(Nature-Nurture Controversy)」が繰り広げられています。それぞれの立場に関する理論に加え、攻撃行動は衝動的反応であるという理論を見てみましょう。

A. 生まれつき（先天性）としての攻撃性：生物学的要因

　私たち一人ひとりの先天的な個人特性に影響する最もわかりやすい生物学的要因は、遺伝子でしょう。例えば、多数の健常体のマウスの中で、最も攻撃的な個体同士、最も攻撃的でない個体同士をそれぞれ何世代にもわたって繁殖させると、凶暴な子孫と穏やかな子孫が誕生します（Lagers-petz, 1979）。

　人を対象とした研究でも、攻撃性に関して生物学的要因の影響が示されています。573組の双子成人を対象とした研究では、50％の遺伝子情報を共有している二卵性双生児ペアと、100％同じ遺伝子情報をもっている一卵性双生児ペアに攻撃性について尋ねました。その結果、双生児同士の攻撃性の相関（相関係数については、p.13参照）が、二卵性双生児においては.04であったのに対し、一卵性双生児では.40でした（Rushton et al., 1986）。また、犯罪行為に関する13の双生児研究をまとめてみると、双子うちの一人が罪を犯した場合には、一卵性双生児では51.5％がきょうだいも犯罪歴をもっていたのに対し、二卵性双生児では20.6％のきょうだいに犯罪歴がありました（Raine, 1993）。つまり、より多くの共通遺伝子をもつほど、攻撃性が類似していたのです。

　進化心理学者は、人間の長い進化の過程で、特に男性の攻撃行動が適応的な戦略であったために、攻撃的な男性が生き延びてきたと考えます（Buss & Shackelford, 1997）。かつては動物や他者の攻撃から身を守り、食料や領地などの資源を獲得するため、そしてライバルの男性を威嚇するために、攻撃行動が戦略として機能していたということです。したがって、攻撃行動は、男性が自身の遺伝子を子孫に残すために本能的に獲得してきた行動なのかもしれません。

　攻撃性に関する生物学的要因については、遺伝的影響だけでなく、ホルモンの影響についても研究されてきました。その1つがセロトニンです。セロトニンは脳内で自然に生成される神経伝達物質で、幸せホルモンと呼ば

れることもあります。セロトニンには衝動的な攻撃行動を抑制する効果があり、セロトニン生成の機能に異常がある人ほど、攻撃的になりやすいことが示されています(Davidson et al., 2000)。例えば、一般成人男性を対象とした実験室実験では、セロトニンの生成を阻害すると、攻撃行動が促進されることがわかりました(Bjork et al., 1999)。

　攻撃行動との関連が見られるもう1つのホルモンが、男性ホルモンであるテストステロンです。一般的な大学生に比べて非行少年の方が、テストステロンレベルが高く(Banks & Dabbs, 1996)、さらに、692名の囚人を対象とした調査では、テストステロンレベルの高い囚人ほど、強姦や殺人など暴力を含む犯罪歴があり、刑務所内でもほかの囚人に暴行を加えるなど、他者との対立による獄則違反を起こしやすいことが示されています(Dabbs et al., 1995)。では、テストステロンと攻撃行動の出現にはどの程度の関連が見られるのでしょうか。この関連について検討した45の研究をまとめてメタ分析(p.18)を行った結果、テストステロンと攻撃行動の間には.14の相関が見られました(Book et al., 2001)。相関係数については**第1章**(p.13)で説明しましたが、.14という相関係数は弱い相関を表しています。したがって、若干の関連は見られるものの、攻撃行動にはテストステロン以外にも関連する要因がありそうです。

B. 衝動的反応としての攻撃性

　これまでに、みなさん自身が誰かに対して攻撃的になった、または攻撃的になりそうになった場面を思い出してみてください。お昼時のラーメン屋で長い行列に並んでいたら割り込まれた、連続ドラマの最終回を見ていたら途中で家族にテレビの電源を切られた、集中してテスト勉強をしていたら近くで弟妹が騒ぎ出した、など、何かをしようとしていたところでそれを邪魔され、腹を立てて攻撃的になったという経験のある人もいるかもしれません。これは、攻撃的になろうと意識しているわけではなく、衝動的に攻撃している例と言えるでしょう。このように、何か目的のある行動に対して妨害をされた時、フラストレーションを感じ、攻撃行動を取りやすいというのが「フラストレーション−攻撃仮説(Frustration-Aggression Theory)」です(Dollard et al., 1939)。

子どもたちが参加した古典的な実験を紹介しましょう（Barker et al., 1941）。実験を行う部屋の中には、金網の向こうに魅力的なおもちゃがたくさん置いてあります。実験参加者のうち半数の子どもたちは、それが見えるところで、長時間待たされた後、ようやくそのおもちゃで遊ぶことを許可されました。残りの参加者（統制条件）は、おもちゃを見ながら待たされることはなく、つまり、フラストレーションを感じることなく、おもちゃで遊ぶことができました。すると、統制条件の子どもたちが楽しそうにおもちゃで遊んだのに対し、長時間の待機によってフラストレーションを感じていた子どもたちは、おもちゃを壁に投げつけたり、踏みつけたりと、攻撃行動を示したのです。さらに、その後の実験からは、目的達成間際で妨害されたり、その妨害が予期しないものであればあるほど、よりフラストレーションを感じやすく、攻撃的になりやすいことがわかりました。

C. 学習された行動（後天性）としての攻撃性：社会的学習

　最後に、攻撃行動は生まれてから後天的に学習するものだという立場である社会的学習理論（Social Learning Theory）を紹介します。これは、攻撃行動以外にも適用できる理論なので、社会心理学以外の分野で聞いたことのある人もいるかもしれません。

　この社会的学習理論はバンデューラ（Bandura, A.）によって提唱され、行為者自身が自分の行動に対して報酬や罰を受けなくても、他者がその行動に対して報酬や罰を受けているのを観察するだけで、その観察者の行動にも影響を与えるというものです。他者の行動に対する観察を通じて学習するので、「観察学習（Observational Learning）」と呼ばれます。例えば、悪口を言ったり、叩いたりしている子どもを見た大人が「強い子だなー。子どもはそのくらいわんぱくなほうが良い！」と言ったとします。その様子を見た別の子どもは、真似して悪口を言ったり叩いたりするようになるでしょう。一方で、このわんぱくな子どもを大人が叱っているのを見たとしたら、悪口を言うことや叩くことは良くないことだと思い、ほかの子どもたちはそうした言動を控えるようになるでしょう。このように、特定の行動に対して報酬が与えられている状況を観察した人は、その行動を真似して行い、何かしらの罰が与えられている状況を観察した人はその行動をしにくくなると

いうのがこの「社会的学習理論」の基本的な考え方です（Bandura, 1973）。

　攻撃行動に関しては、バンデューラによる有名なボボ人形実験というのがあります（Bandura et al., 1961, 1963a）。ボボ人形というのは、空気の入ったビニール人形の下に重りがついていて、起き上がりこぼしのような作りになっています。この実験に関するYouTube動画があるので視聴してみてください（https://www.youtube.com/watch?v=dmBqwWlJg8U［2022年4月8日閲覧]）。この実験では、押したり叩いたりしても起き上がって戻ってくるボボ人形に対して、大人の女性が様々な攻撃行動を取る様子を子どもたちが観察します。ハンマーでボボ人形を叩いたり、蹴ったり、馬乗りになって殴ったりといった攻撃行動を3歳から5歳までの幼児が観察し、その後、同じようにそのボボ人形と同じ部屋で遊んでよいと指示されます。子どもたちは、どのような行動を取るでしょうか。

　実験の結果、子どもたちは、モデルとなった女性が取っていた具体的な攻撃行動を模倣することがわかりました。例えば、女性がハンマーでボボ人形を叩いたところを観察した子どもは、部屋の中に置かれた様々な道具の中からハンマーを選び、ボボ人形を叩きました。部屋の中におもちゃの拳銃を置いた場合には、具体的な攻撃行動の模倣に加え、そのおもちゃの拳銃を使って人形を脅したりしました。つまり、後述（p.106）の武器の存在が攻撃行動に及ぼす影響も見られたわけです。

　この社会的学習理論によると、攻撃行動に限らず、特定の行動をした人を観察して、その行動が行為者にとってポジティブな結果につながったのか、それともネガティブな結果につながったのかによって、観察者がその行動を模倣する確率が変わります。攻撃行動を観察した際、その行為者に起きた結果によって、その後の観察者の行動、つまり攻撃行動の取りやすさが異なることを示した実験を紹介します（Bandura et al., 1963b）。

　実験参加者は、3歳から5歳の子どもたちです。実験室で動画を見た後、様々なおもちゃのある部屋で自由に遊びました。この実験の従属変数は自由遊びにおける攻撃行動の回数、独立変数は動画内容で、参加者は以下の4つのうちいずれかの条件に無作為に割り振られました。まず、「攻撃後報酬」条件では、モデルとなるR君が動画内でJ君をおもちゃで叩いたり、人形を蹴ったりしました。最終的にJ君はがっかりして遊ぶのをあきらめ、

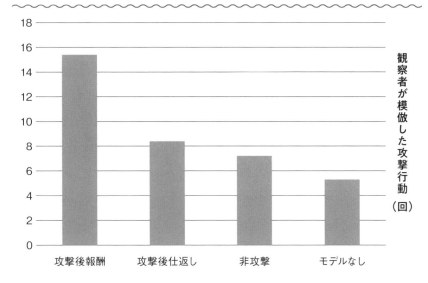

図7-1　攻撃行動の代理強化実験(Bandura et al., 1963b を基に作成)

「R君の勝ち」というメッセージで動画は終了します。「攻撃後仕返し」条件
も基本的には同様の内容なのですが、R君がJ君に対して暴力をふるった
後、J君はR君に仕返しを行い、R君は部屋の片隅に座り込んでしまいま
した。動画の最後では、R君に対するJ君の仕返しについて言及されてい
ます。「非攻撃」条件の動画では、2人のモデルが前述の2つの条件と同じお
もちゃを使って遊んでいるのですが、ボールを投げたり、人形とダンスを
したりなど、非暴力的な遊びをしていました。「モデルなし」条件は、モデ
ルを観察しない統制条件です。

　それぞれの条件において、実験参加者の子どもたちが動画内で観察した
のと同じ攻撃行動をした回数を**図7-1**に示しました。攻撃行動が「喧嘩での
勝利」や「おもちゃの独り占め」など、子どもにとってのポジティブな結果に
つながった「攻撃後報酬」条件では、ほかの条件に比べて、動画と同じ攻撃
行動を模倣する回数が増えました。一方、同じ攻撃行動を観察しても、そ
の行動がネガティブな結果につながった「攻撃後仕返し」条件では、攻撃行
動を観察しなかった2つの条件と差が見られませんでした。したがって、攻
撃行動の結末によってそれを模倣する確率が異なり、攻撃行動がポジティ

ブな結果をもたらす場面を観察すると、観察者はより攻撃的になりやすいと言えます。

　このように見てみると、本節の冒頭に掲げた「攻撃性は生まれつきなのか、それとも学習するのか」という問いに対する回答としては、「両方の組み合わせにより決定される」という結論が適切でしょう。遺伝やホルモンなどの生物学的要因による影響も確かに存在するものの、成長過程で観察した状況から学習する影響も少なからずあるようです。攻撃行動という1つの行動をとってみても、その原因は複雑なのです。

❸ 攻撃行動が起きやすい状況要因

　攻撃行動に関しては、その行動が起きやすくなるいくつかの状況要因が明らかになっています。以下、それぞれ見ていきましょう。

A. 暑いほど、攻撃的になりやすい

　まず1つ目の要因は、暑さです。暑い季節ほど攻撃的になり、相手に対して敵意を表しやすいということが研究によって明らかになっています（Griffitt, 1970）。例えば、気温が高いほど、レイプ件数が増えます（Bushman et al., 2005）。さらに、警察に逮捕された人の数、つまり犯罪件数とその犯罪が起きた季節に関する調査データがあります（Anderson, 1989）。その中で、暴動、レイプ、暴行など、攻撃行動とみなすことのできる犯罪が、それぞれの季節でどのぐらい起きているのか、その1年における全体件数に占める割合を示したのが**図7-2**です。

　縦軸は1年で起きた犯罪の総数に対する各犯罪発生件数の割合、横軸は犯罪が起きた季節を表しています。グラフから見て取れるように、犯罪の種類に関わらず、犯罪総数に対する各犯罪の発生件数割合は冬から春にかけて若干増加傾向にあるものの、夏に最も多く秋に減少しており、攻撃行動とみなされるこうした犯罪は夏に最も起こりやすいということが示されています。ただし、これは「擬似相関」といって、調査では測定されていない別の要因が、暑さと犯罪件数（攻撃行動）との両方に影響を与えていて、関

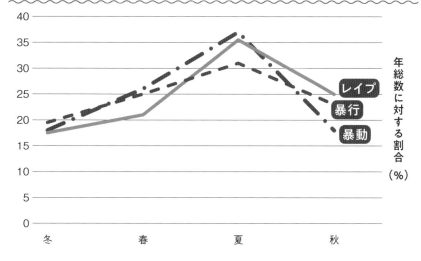

図7-2　季節と攻撃的犯罪率（Anderson，1989より一部抜粋）

連があるように見えている可能性も考えられるので、解釈には注意が必要だと言えるでしょう。

　それでは、暑い状況の方が、実際に攻撃行動が促進されるのかを考えてみましょう。このような因果関係を特定するには、調査研究ではなく実験を行う必要があると**第1章**(p.14)で説明しました。攻撃行動に対する気温の影響を調べた実験結果が蓄積されているため、アンダーソンら（Anderson et al., 2000）は、それまでに発表された11の実験を対象としたメタ分析(p.18)を行いました。その結果、一貫した暑さの影響は見られませんでした。したがって、単純に、暑さが攻撃行動を促進するとは結論づけられないようです。

B. 周囲に武器があると、攻撃的になりやすい

　続いての状況要因は、武器の存在です。相手を攻撃するための道具である武器が周囲にあるだけで攻撃的になりやすいということが研究で示されています。アメリカでは自己防衛などのために自宅に拳銃を置いている人がいますが、自宅に拳銃がある人が殺害される確率は、自宅に拳銃がない人に比べて2.7倍だというデータがあります（Kellermann et al., 1993）。つま

り、自身の身を守ろうと思って所持している拳銃によって、殺害される確率が実は高まっているというデータです。さらに、犯人は家族や知人であることが多いということと合わせて考えると、「この家には拳銃がある」というのを知っている人が、その拳銃を用いて住人を殺害する事件が多いということです。

次に、武器と攻撃行動に関する実験室実験を紹介しましょう（Berkowitz & LePage, 1967）。この実験の参加者は男子大学生です。参加者は、実験室に到着すると、課題としてミュージシャンの売り上げを増やすための案を書き出すよう指示されます。もう一人の参加者（実際は実験協力者）は別のテーマ（中古車の売り上げ向上案）について書き出すという、同様の課題に取り組みます。その後、お互いの回答を評価します。評価は電気ショックの回数（1回～10回）で示します。電気ショックの回数が多いほど否定的な評価、少ないほど肯定的な評価を表しています。

この実験における1つ目の独立変数は、実験課題への回答に対する評価です。半数の参加者がもう1人の参加者（実験協力者）から肯定的な評価（最低レベル1回の電気ショック）、残りの半数が否定的な評価（7回の電気ショック）を受けました。

もう1つの独立変数として、参加者が相手の回答を評価する際の武器の存在が操作されました。1つ目の実験参加者のグループでは、電気ショックの操作盤近くに拳銃が置かれ、一緒に実験に参加しているもう1人の参加者のものだと教示されます（所有拳銃条件）。2つ目のグループも拳銃を目にしますが、彼らのセッションの前にその部屋で実験をしていた誰かのものだと伝えられます（未所有拳銃条件）。3つ目のグループは、武器になりにくいものの効果と比較するため、拳銃の代わりにバドミントンのラケットと羽根が置かれ（バドミントン条件）、最後のグループの実験では何も置かれていませんでした（統制条件）。これらの条件によって、参加者の攻撃行動、つまり、実験協力者であるもう1人の参加者に与えた電気ショックの回数はどのように変化したのでしょうか。

実験結果は**図7-3**に示した通りです。まず、実験課題への回答に対して相手から肯定的な評価を受けていた場合には、武器の存在有無が電気ショックの回数に統計的に有意な差を与えることはありませんでした。一

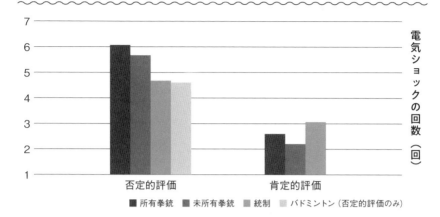

図7-3　相手から受けた評価および武器の存在が攻撃行動に与える影響
（Berkowitz & LePage，1967を基に作成）

方、実験相手から否定的な評価を受けて怒りを感じている場合には、拳銃が目の前にある時、特に拳銃がその相手が所有するものである時に、電気ショックを与えた回数が多いことがわかりました。つまり、この実験結果からは、バドミントンのラケットなど武器になりにくいものに比べて、拳銃のように攻撃行動を想像しやすいものが視界に入っていると、人はより攻撃的になるということが言えます。

C. テレビを見る人ほど、攻撃的になりやすい

　前述の社会的学習理論で示されたように、攻撃行動の後に行為者が報酬を受けるのか仕返しをされるのかが観察者の攻撃行動の表出に関わるわけですが、こうした文脈に強く影響しそうなものの1つに、テレビ番組の視聴があります。昨今は、テレビだけでなく、You Tube などの映像メディア全般についても同じことが言えるでしょう。

　テレビの番組内容を分析した研究では、アメリカで1996〜97年に放送されたテレビ番組のうち61％が何かしらの暴力描写を含んでいることが示されています（Smith et al.， 1998）。日本でも同じような研究が行われましたが、日本の場合にはテレビ番組の68.6％が何かしらの暴力描写を含んでおり、中でもアニメ番組では83.3％と、ジャンル別で最も高い比率となって

あなたを動かす、他人の言動　第Ⅲ部

いました(佐渡ほか，2005)。

　攻撃行動の後にその行為者が報酬を受けると、観察者の攻撃行動がより増えるという先ほどのバンデューラの実験結果がありました。では、テレビ番組で攻撃行動が描写された場合、その行為者はどの程度の報酬を受け取っていたのでしょうか。前述のアメリカのテレビ番組に関する調査では、行為者が罰を受けていた番組は20％に留まっていたと同時に、17％の番組で攻撃行動に対して報酬が与えられていました(Smith et al., 1998)。日本で行われた同様の調査でも、暴力行為に対して罰を与えられる描写が含まれていたのは15％に留まっており、暴力が否定されるメッセージが含まれた番組は限定的でした(佐渡ほか，2005)。特に、スーパーマンや特撮番組などの主人公は、ほかの人を助けるために「悪者」に対して暴力をふるうことがあります。実際、アメリカのテレビ番組において、暴力をふるった行為者の38％が、他者を気にかける「いい人」の性質をもっており、暴力を振るうことがかっこよく、視聴者にとってのロールモデルとなりやすいようです(Smith et al., 1998)。

　次に、テレビ視聴時間(量)とその後の攻撃行動との関連についての縦断調査を紹介します(Johnson et al., 2002)。調査対象は、ニューヨーク北部に暮らし、初回調査時点で1〜10歳の子どものいる家庭です。様々な調査項目がありましたが、ここでは、その中でも、子どもの平均年齢が14歳時点でのテレビ視聴時間によって16〜22歳時点における暴力行為の生起が異なるのか(**図7-4A**)、平均22歳時点でのテレビ視聴時間によって30歳時点における暴力行為の生起が異なるのか(**図7-4B**)を見てみましょう。

　いずれのグラフでも、横軸が1日あたりのテレビ視聴時間を表しており、左側から、1時間未満、1〜3時間、3時間以上となっています。縦軸は各グループのうち暴力行為が報告された人の割合を表しています。いずれのグラフにおいても全体的に右肩上がりになっており、テレビの視聴時間が長いほど、暴力行為が報告された割合が高くなる傾向が見られます。ただし、統計的に有意だったのは、**図7-4A** に示された男性と**図7-4B** に示された女性のみでした。つまり、男性では14歳時点、女性では22歳時点でテレビを多く視聴している人ほど、数年後に攻撃行動の表出が報告される割合が高かったのです。ただし、このような数年間にわたる縦断調査であっても、

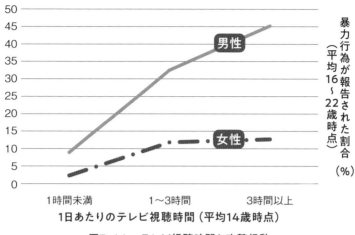

図7-4A　テレビ視聴時間と攻撃行動
（Johnson et al., 2002を基に作成）

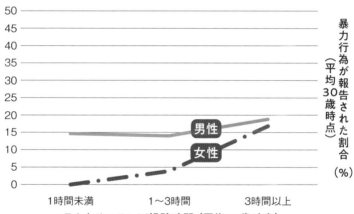

図7-4B　テレビ視聴時間と攻撃行動
（Johnson et al., 2002を基に作成）

調査項目に含まれていない第3の変数が影響している可能性が排除できないため、因果関係の特定には、実験を実施する必要がある点、注意が必要です（pp.13-15）。

D. ゲームをする人ほど、攻撃的になりやすい

　社会的学習理論や暴力的な描写を含むテレビ番組が視聴者の攻撃行動の表出に与える影響に関して、他者を観察しているだけで観察者の攻撃性が促進されるのであれば、見ているだけでなく自分がその中のキャラクターになりきって動いていたら、より強い影響があるのではないでしょうか。攻撃行動に対するテレビゲームの影響力については幅広く研究が行われています。以下、その中のいくつかの実験を紹介します。

(1) テレビやゲームの影響は子どもだけ？

　前述のテレビ番組の視聴と攻撃行動に関する調査でもそうですが、調査対象は小学生の子どもたちでした。テレビ番組やゲームの中の世界が現実世界と違うということは大学生以上の歳になればわかることであり、大人は子どもたちほどには影響を受けないのではないかと考える人もいるかもしれません。そこで、ここでは大学生を対象にした実験を紹介します。

　以下は、大学生を対象に2日間にわたって行われた実験です（Bushman & Gibson, 2011）。まず、実験の1日目は、実験室で大学生にゲームをしてもらいます。1つ目の独立変数として、ゲームの種類を操作します。実験参加者の半数には、敵のキャラクターやほかのプレイヤーを攻撃するような暴力的な場面のあるゲームをプレイしてもらい、残りの半数には、楽器の演奏やスノーボードといった非暴力的なゲームをプレイしてもらいました。

　もう1つの独立変数として、プレイ終了後、そのゲームについてどの程度反芻するのかを操作します。実験参加者に対しては、この実験が2日間にわたって行われるということが最初に告げられます。反芻あり条件では、1日目の実験が終わった後で、「明日実験室に戻ってくるまでのこれから24時間、今日やったゲームについて、どのようにしたらもっとうまくなるのかということをできるだけ考え続けてください」と教示されます。反芻なし条件は、この教示がない統制条件です。

　実験の2日目には、参加者同士で勝敗をつけるような課題に取り組んでもらいます。課題の最中、参加者は全員ヘッドホンをしていますが、課題で勝った人は負けた人に対して罰として音を鳴らします。音の大きさや長さは課題の勝者が決める設定になっていて、音の大きさに関しては、ほとんど聞こえないような小さな音から、火災報知器と同じぐらいの大きさまで

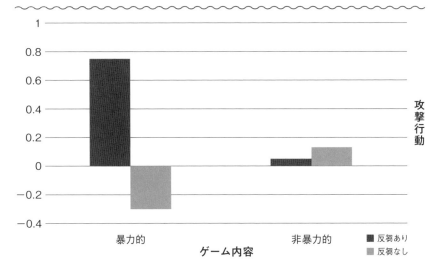

図7-5　ゲーム内容とその反芻が攻撃行動に与えた影響（男子大学生の場合）
(Bushman & Gibson, 2011)

何段階かある中から選択します。この実験では、課題に負けた参加者に与えた音の大きさと長さを攻撃行動とみなしています。

図7-5は実験に参加した男子大学生に現れた攻撃行動の結果です。縦軸が攻撃行動の指標です。上に行くほど攻撃行動が多かった、つまり実験2日目の課題で、負けたほかの参加者に与えた音が大きくて長かったことを表しています。横軸に記載した実験条件は、参加者が実験1日目にプレイしたゲームの内容です。各棒グラフの左側が、1日目の実験終了後、実験でプレイしたゲームについて、その後も考え続けてくださいと指示された反芻あり条件、右側が反芻なし条件です。

暴力的な内容のゲームをプレイした実験条件では、反芻をしなかった人たちに比べて、反芻した人たちの方が攻撃行動が多いという結果でした。一方で、非暴力的なゲームをプレイした人たちに関しては、反芻の影響が見られず、攻撃行動に違いは見られませんでした。

また、暴力的なゲームをプレイした後で、ゲームについて反芻をしなかった条件においては攻撃行動が減っているように見えますが、非暴力的なゲームをプレイした条件の攻撃行動と統計的な差はありませんでした。し

たがって、この実験で示されたのは、男子大学生が暴力的なゲームをプレイした後、そのゲームのことばかりを考えていると攻撃的になりやすいという結果です。

　それでは、女子大学生の場合はどうだったのでしょうか。女性参加者を対象にした同様の分析では、ゲーム内容に関する実験条件もプレイ後の反芻条件も攻撃行動表出への影響は見られませんでした。なぜこの男女差が生じたのかについては、様々な解釈が可能だと思いますので、読者のみなさん自身で考えてみてください。

（2）暴力的なゲームはいつでも攻撃行動を誘発しているのか？

　大学生を対象にしたもう1つの実験を紹介します（Hilgard et al., 2019）。初対面の大学生同士にペアで参加してもらう実験です。

　実験参加者にはまず、自分の意見に基づいてエッセイを執筆してもらいます。エッセイのテーマは、例えば「中絶に賛成か反対か」などです。エッセイ執筆後には、シューティングゲームの『Doom Ⅱ』を改変したゲームをプレイしてもらいます。実験内でプレイするゲームのうちの1つ、『Brutal Doom』は武器を使って敵全員を倒すことがミッションとして設定されており、プレイヤーの攻撃で敵が爆発したり、その場が血の海になったりする場面が描かれます。もう1つのゲーム、『Chex Quest』は上記のゲームを非暴力的な方向に改変したものです。ゲームの中では、緑色のスライムのようなものでできた生き物が迷子になっており、その生き物を家まで届けることがプレイヤーに課されたミッションです。

　実験参加者の大学生は、暴力的なゲームの『Brutal Doom』か、非暴力的なゲームの『Chex Quest』か、いずれかの実験条件に割り振られ、実際にゲームをプレイします。さらに、それぞれのゲームの難しさも実験的に操作されています。参加者の半数は、レベル設定の上げられた難しいゲームを、残りの半数はレベル設定の下げられた簡単なゲームをプレイしました。

　参加者はゲームプレイ終了後、実験冒頭に書いたエッセイに対して、実験パートナーから「こんなにできの悪いエッセイを読んだのは初めてだ」などといった批判を受けます（実際には、この批判的メッセージは実験者が準備したものです）。次に、実験参加者は別の課題に移る前の妨害課題として、氷水に手をつけ痛みに耐えるコールドプレッサーテストを5秒間体験し、そ

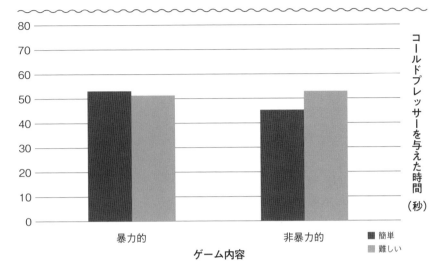

図7-6　ゲーム内容および難易度と攻撃行動の関係
（Hilgard et al., 2019を基に作成）

の後、実験パートナーに対して与えるコールドプレッサーの時間を、0〜80秒の範囲のうち、10秒刻みで選択します。事前にプレイしたゲームの内容および難易度は、実験パートナーに与えるコールドプレッサーの時間にどのように影響するのでしょうか。

　この実験の結果を**図7-6**に示します。縦軸がコールドプレッサーを与えた時間、横軸がゲーム内容の暴力性を表しています。また、各棒グラフの左側はレベル設定を下げた簡単なゲームをプレイした条件、右側はレベル設定を上げた難しいゲームをプレイした条件を表しています。

　図7-6を見ると、実験条件によって結果に違いがあるように感じますが、統計的な検定をしてみると、実は条件間で有意な差はありませんでした。つまり、暴力的なゲームをプレイした後でも、非暴力的なゲームをプレイした後でも、コールドプレッサーを相手に与えるという攻撃行動には影響がなかったという結果だったのです。

(3) ゲームと攻撃行動に関する研究が内包する2つの立場

　ここまで、数ある研究の中から2つを選んで紹介しましたが、このようにゲームと攻撃行動に関する研究では、暴力的なゲームの影響が示されてい

あなたを動かす、他人の言動　第Ⅲ部

るものと、影響が示されていないものがあります。特に、アメリカの教育現場では、攻撃行動抑止のために暴力的なゲームを禁止するのか否かという議論が続いており、それを受けて、アメリカ心理学会が提言を公表しました(Calvert et al., 2017)。この提言では、まず、2010年までに行われたゲームと攻撃行動に関する4つのメタ分析(p.18)の研究をレビューして、結果を取りまとめています。このメタ分析研究には、合わせて150以上の実験が含まれており、それぞれの実験には何十人何百人が参加し、一貫した結果が示されています。まず、暴力的な内容のゲームをする人ほど、行動、認知、感情がより攻撃的になるという結果です。また、他者に対する共感が低下したり、援助行動(p.121)が減少したりするという結果も見られました。これは、それまでに行われたすべての研究を全体的にレビューした時に、一貫して見られた結果でした。それでは、なぜこのテーマに関して対立した意見があるのでしょうか。

　前述のアメリカ心理学会の提言では、この対立は実験結果に対する異なる解釈によるものだとしています。1つの立場としては、暴力的な内容のゲームがネガティブな結果を引き起こすというものです。実験では、ゲーム後に、プレイヤーの行動、認知、感情が攻撃的になるという結果が得られているので、その結果は暴力的な内容のゲームによるネガティブな影響だと結論づけて良いのではないか、という考え方です(Anderson et al., 2010)。

　一方で、別の立場の研究者は、攻撃行動に対するゲームの影響はごくわずかで、より深刻な攻撃行動に関する研究結果のみが重要だとしています。認知や感情が攻撃的になるというのは主観によるものであり、行動が攻撃的になるという場合の攻撃行動とは何を指しているのか、実験でどのように測定しているのかという点が問題になってきます。実験室で行う実験では、倫理的な問題を回避しながらも、どのように攻撃行動を測定するのか、どのように操作的な定義をするのかが重要です。先ほどの実験でも、コールドプレッサーテストで氷水に手を入れさせる時間の長さや、課題に負けた実験パートナーに与える音の大きさや長さを攻撃行動として捉えています。しかし、これらは軽微な攻撃行動なので、犯罪などのより深刻な攻撃行動のみを扱うべきなのではないかというのが、後者の立場です(Ferguson, 2007a, 2007b)。

表7-1　ゲームとプレイヤーの攻撃性との間に相関が見られた研究数
（Calvert et al., 2017を基に作成）

	テレビゲームとの有意な関連が見られた研究数	主な研究対象
攻撃行動	12/14（86%）	小中学生、大学生
攻撃的な認知	13/13（100%）	―
攻撃的な感情	12/13（92%）	成人
向社会的行動、共感、攻撃に対する感受性	7/9（78%）	成人

　ここまでは、2010年までに行われた研究に対する分析結果をまとめたものです。アメリカ心理学会によるこの提言自体は2017年に出されており、2010年以降に発表された攻撃行動、攻撃的な認知、攻撃的な感情、そして向社会的行動や共感、攻撃に対する感受性との関連についての研究結果に対しても再分析が行われています。まず、より深刻な攻撃行動のみを扱うべきなのではないかという視点に関しては、相手を叩く、押し倒す、喧嘩をするなどの行動の実験室での観察や、同級生や学校の先生による評価、自己評価などを通じて測定しました。主観によると指摘された攻撃的な認知については、攻撃意図や敵意、暴力に対する肯定的な態度で表しました。

　暴力的な内容を含むテレビゲームと攻撃行動や攻撃的な認知との間に有意な関連が見られた研究数と研究対象は、**表7-1**の通りです。全体として、7割以上の研究において、テレビゲームと攻撃的な行動、認知、感情などとの間に関連が見られています。

　ただし、ここで注意が必要なのは、前述した異なる2つの立場の研究者のうち、後者の人たちが実験で観察するべき攻撃行動として強調しているような非行行動や犯罪に関しては、研究の数自体が少ないため、テレビゲームとの関連についての検証はできませんでした。したがって、より深刻な攻撃行動に対して、テレビゲームがどのような影響を及ぼすのかという点については、今後の検討が必要です。

　非行行動や犯罪ほどは深刻ではないですが、実験室実験で測定された軽

微な攻撃行動ではなく、実際の身体的暴力を対象とした研究結果を再分析したメタ分析（p.18）も行われています（Prescott et al., 2018）。ここで再分析の対象とされた研究は、①認知や感情ではなく、身体的暴力を対象としている、②暴力的なテレビゲームをし、その時点から少なくとも3週間あけた時点において身体的暴力を測定している、という2つの条件を満たしている縦断研究としました。最終的に、日本やアメリカ、オランダなどを含む8ヶ国において計1万7,000人以上の参加者を対象に実施された24の研究の結果を基に、メタ分析を行いました。その結果、ゲームプレイ時（Time 1）の攻撃行動や性別等ほかの要因を統制してもなお、暴力的なゲームをしている人ほど、その後（Time 2）の攻撃行動が増加していることが全体として示されました。

この研究では、さらに参加者の民族、年齢、調査間の経過時間の影響についても検討されています。民族に関しては、暴力的なゲームの影響は、ヨーロッパ系白人において最も強く、続いてアジア人、そしてヒスパニック系の人において最も弱いことが示されました。参加者の年齢については、12歳以下を対象とした研究よりも、13歳から大学生を対象とした研究の方が、調査間隔が短い研究（1年以下）よりも調査間隔が長い研究の方が、暴力的ゲームが身体的暴力に与える影響が強いことがわかりました。したがって、身体的暴力という目に見える攻撃行動に限定しても、暴力的なゲームの影響は見られ、参加者の民族や年齢によってその影響力は異なるようです。

ここまでの内容を読んで、本節で「テレビゲーム」と呼んでいること自体、既に時代遅れだと感じる読者もいるかもしれません。アメリカ心理学会による提言が出された2017年以降、オンラインでボイスチャットを使ってほかのプレイヤーと話しながらゲームをするなど、ゲームのスタイルも変化しています。このようなゲーム形式の変化がプレイヤーの心理に及ぼす影響などに関しても、引き続き研究が必要な領域だと言えるでしょう。

　本章では、他者を傷つけようとする攻撃行動について、その定義や種類をはじめ、人がなぜ攻撃行動をするのかに関する理論、攻撃行動と関連する状況要因について学びました。日常場面でも、攻撃行動としての言い争いやけんかなどを見かけたり、巻き込まれたりすることがあるでしょう。ニュースなどの報道で暴行事件などについて耳にすることもあると思います。こうした行動がなぜ生じるのか、本章の内容に沿って考えてみると良いでしょう。また、みなさんが攻撃行動に出た時、または攻撃的になりそうになった時に、自身の状態や周囲の状況を観察し、その原因を探ってみてください。暴力的な描写の含まれるテレビ番組を視聴したり、ゲームをプレイしたりしたからでしょうか。あるいは、周囲で暴力行為を目にしたからでしょうか。それとも、ホルモンなどの生物学的要因やフラストレーションなどの影響でしょうか。攻撃行動という1つの行動をとってみても、様々な要因が影響しているため、その行動を理解するには、複数の理論や状況要因を組み合わせて検討する必要があります。これが人間行動の複雑さであり、それがゆえの研究の醍醐味と言えるでしょう。

　本章では扱いませんでしたが、攻撃行動を回避するための効果的な対策についても検討が必要です。特に、本章冒頭で紹介した事例にもあるような、攻撃行動にあたるのか否かの認識が立場によって異なる場面では、行為者に対してどのように働きかければ行動の変化が見られるのでしょうか。こうした応用的に意義のある研究も行われていますので、関心のある方は、ぜひ調べてみてください。

> **第7章で学んだキーワード**

> 攻撃行動（敵意的攻撃／道具的攻撃）、先天性－後天性論争、フラストレーション攻撃仮説、社会的学習理論、観察学習

あなたを動かす、他人の言動　第Ⅲ部

参考文献

Anderson, C. A. (1989). Temperature and aggression: Ubiquitous effects of heat on occurrence of human violence. *Psychological Bulletin*, **106**, 74–96.

Anderson, C. A., Anderson, K. B., Dorr, N., DeNeve, K. M., & Flanagan, M. (2000). Temperature and aggression. *Advances in Experimental Social Psychology*, **32**, 63–133.

Anderson, C. A., Shibuya, A., Ihori, N., Swing, E. L., Bushman, B. J., Sakamoto, A., Rothstein, H. R., & Saleem, M. (2010). Violent video game effects on aggression, empathy, and prosocial behavior in Eastern and Western countries: A meta-analytic review. *Psychological Bulletin*, **136**, 151–173.

Bandura, A., Ross, D. & Ross, S. A. (1961). Transmission of aggression through imitation of aggressive models. *Journal of Abnormal and Social Psychology*, **63**, 575–582.

Bandura, A., Ross, D., & Ross, S. A. (1963a). Imitation of film-mediated aggressive models. *Journal of Abnormal and Social Psychology*, **66**, 3–11.

Bandura, A., Ross, D., & Ross, S. A. (1963b). Vicarious reinforcement and imitative learning. *Journal of Abnormal and Social Psychology*, **67**, 601–607.

Bandura, A. (1973). *Aggression: A Social Learning Analysis*. Prentice- Hall.

Banks, T., & Dabbs, Jr., J. M., (1996). Salivary testosterone and cortisol in delinquent and violent urban subculture. *Journal of Social Psychology*, **136**, 49–56.

Barker, R., Dembo, T., & Lewin, K. (1941). Frustration and regression: An experiment with young children. *University of Iowa Studies in Child Welfare*, **18**, 1–314.

Berkowitz, L., & LePage, A. (1967). Weapons as aggression-eliciting stimuli. *Journal of Personality and Social Psychology*, **7**, 202–207.

Bjork, J. M., Dougherty, D. M., Moeller, F. G., Cherek, D. R., & Swann, A. C. (1999). The effects of tryptophan depletion and loading on laboratory aggression in men: Time course and a food-restricted control. *Psychopharmacology*, **142**, 24–30.

Book, A. S., Starzyk, K. B., & Quinsey, V. L. (2001). The relationship between testosterone and aggression: A meta-analysis. *Aggression and Violent Behavior*, **6**, 579–599.

Bushman, B. J., & Gibson, B. (2011). Violent video games cause an increase in aggression long after the game has been turned off. *Social Psychological and Personality Science*, **2**, 29–32.

Bushman, B. J., Wang, M. C., & Anderson, C. A. (2005). Is the curve relating temperature to aggression linear or curvilinear? Assaults and temperature in Minneapolis reexamined. *Journal of Personality and Social Psychology*, **89**, 62–66.

Buss, A. H. (1961). *The Psychology of Aggression*. Wiley.

Buss, D. M., & Shackelford, T. K. (1997). Human aggression in evolutionary psychological perspective. *Clinical Psychology Review*, **17**, 605–619.

Calvert, S. L., Appelbaum, M., Dodge, K. A., Graham, S., Nagayama Hall, G. C., Hamby, S., Fasig-Caldwell, L. G., Citkowicz, M., Galloway, D. P., & Hedges, L. V. (2017). The American Psychological Association Task Force assessment of violent video games: Science in the service of public interest. *American Psychologist*, **72**, 126–143.

Cantor, J. (1994). Confronting Children's Fright Responses to Mass Media. In D. Zillmann, J. Bryant, & A. C. Huston (Eds.), *Media, Children, and the Family: Social Scientific, Psychodynamic, and Clinical Perspectives* (pp.139–150). Erlbaum.

Dabbs, Jr., J. M., Carr, T. S., Frady, R. L., & Riad, J. K. (1995). Testosterone, crime, and misbehavior among 692 male prison inmates. *Personality and Individual Differences*, **18**, 627–633.

Davidson, R. J., Putnam, K. M., & Larson, C. L. (2000). Dysfunction in the neural circuitry of emotion regulation: A possible prelude to violence. *Science*, **289**, 591–594.

Dollard, J., Doob, L. W., Miller, N. E., Mowrer, O. H., & Sears, R. R. (1939). *Frustration and Aggression*. Yale University Press.

Ferguson, C. J. (2007a). Evidence for publication bias in video game violence effects literature: A meta-analytic review. *Aggression and Violent Behavior*, **12**, 470–482.

Ferguson, C. J. (2007b). The good, the bad and the ugly: A meta-analytic review of positive and negative effects of violent video games. *Psychiatric Quarterly*, **78**, 309–316.

Griffitt, W. (1970). Environmental effects on interpersonal affective behavior: Ambient effective temperature and attraction. *Journal of Personality and Social Psychology*, **15**, 240–244.

Hilgard, J., Engelhardt, C. R., Rouder, J. N., Segert, I. L., & Bartholow, B. D. (2019). Null effects of game violence, game difficulty, and 2D: 4D digit ratio on aggressive behavior. *Psychological Science*, **30**, 606–616.

Johnson, J. G., Cohen, P., Smailes, E. M., Kasen, S., & Brook, J. S. (2002). Television viewing and aggressive behavior during adolescence and adulthood. *Science*, **295**, 2468–2471.

Kellermann, A. L., Rivara, F. P., Rushforth, N. B., Banton, J. G., Reay, D. T., Francisco, J. T., Locci, A. B., Prodzinski, J., Hackman, B. B., & Somes, G. (1993). Gun ownership as a risk factor for homicide in the home. *New England Journal of Medicine*, **329**, 1084–1091.

Kunkel, D., Wilcox, B., Hill-Scott, K., Greenberg, B. S., Rampoldi-Hnilo, L., Montgomery, K. C., Jordan, A. B., Hogan, M. J., Brown, J. A., & Trotta, L. (2001). Part III : Policy Issues and Advocacy. In D. G. Singer, & J. L. Singer (Eds.), *Handbook of Children and the Media* (pp.587–719). Sage Publications.

Lagerspetz, K. (1979). Modification of Aggressiveness in Mice. In S. Feshbach & A. Fraczek (Eds.), *Aggression and Behavior Change*. Praeger.

Prescott, A. T., Sargent, J. D., & Hull, J. G. (2018). Metaanalysis of the relationship between violent video game play and physical aggression over time. *Proceedings of the National Academy of Sciences*, **115**, 9882–9888.

Raine, A. (1993). *The Psychopathology of Crime: Criminal Behavior as a Clinical Disorder*. Academic Press.

Riddle, K., & Martins, N. (2022). A content analysis of American primetime television: A 20-year update of the National Television Violence Studies. *Journal of Communication*, **72**, 33–58.

Rushton, J. P., Fulker, D. W., Neale, M. C., Nias, D. K. B., & Eysenck, H. J. (1986). Altruism and aggression: The heritability of individual differences. *Journal of Personality and Social Psychology*, **50**, 1192–1198.

佐渡真紀子・鈴木佳苗・坂元章 (2005). テレビ番組における暴力および向社会的行為描写の分析 日本教育工学会論文誌, **28**, 77–80.

Smith, S. L., Wilson, B. J., Kunkel, D., Linz, D., Potter, W. J., Colvin, C. M., & Donnerstein, E. (1998). Violence in Television Programming Overall: University of California, Santa Barbara Study. In J. Federman, Center for Communication and Social Policy, University of California, Santa Barbara (Ed.), *National Television Violence Study*, Vol. 3 (pp.5–220). Sage Publications.

第8章　援助行動

　通学途中で、ベビーカーを押した女性が電車に乗ってきた。優先席では
ないが、私は席を譲ろうか迷っていた。声をかけて、断られたら気まずい
からだ。しばらく様子を見ていると、近くの男性がその女性に席を譲った。
女性は子どもから顔が見えた方がいいからと丁寧に断っていたが、男性は
それを特に気にする様子もなかった。

#見て見ぬふり #傍観者 #人助け

あなたを動かす、他人の言動　第Ⅲ部

電車の中に限らず、読者のみなさんも街中で手助けを必要としている人に遭遇したことがあるかもしれません。中には道に迷っている人に目的地までの行き方を教えたり、駅で倒れている人に声をかけたりと、実際に手を貸した経験がある人もいるでしょう。このように、他者へ利益を与えることを目的とした行動は、「向社会的行動（Prosocial Behaviors）」、または「援助行動（Helping Behaviors）」と呼ばれます（Penner et al., 2005）。援助行動の中でも、援助者が自分の享受する利益を考えず、対象者の利益のみを考えた行動を「利他的行動（Altruistic Behaviors）」と呼びます。本章では、なぜ人は他者を援助するのか、援助行動を起こすまでにどのようなプロセスを経るのか、そして、そのプロセスにおいて援助行動を抑制する要因は何かについて学んでいきます。

❶ 援助行動を説明する3つの理論

冒頭の事例では、ベビーカーを押す女性に対して男性が援助行動を申し出ました。男性はなぜ女性に声をかけたのでしょうか。その理由をいくつか考えてみてください。人が他者を助ける理由については、社会心理学だけでなく、生物学や経済学の分野でも、説明がなされています。ここでは3つの理論を紹介します。事例に登場した男性の援助行動の理由が以下のどの理論に当てはまるのか、考えながら読み進めてみてください。

A. 進化論：自己の遺伝子生存のための援助行動

毎年、夏になると、海や川で遊んでいて溺れた子どもを助けようとした親が水難事故に遭うケースが相次ぎます。溺れて苦しむわが子を見つけた親は、とにかく放っておけず、子どもを助けようと無我夢中で水に入るのでしょう。このような生死に関わる危険な状況であるにもかかわらず、自分の子どものように血縁関係にある相手を援助するのはなぜでしょうか。進化論に基づいて考えてみましょう。

ダーウィン（Darwin, 1859）により提唱された「進化論（Evolutionary Theory）」の基本的な考え方は、個人の生存を促進する遺伝子が自然選択によっ

て有利に働く、ということです。つまり、個人の生存と子孫を残す可能性を高める遺伝子が次の世代へと受け継がれやすくなります。

　つまり、援助行動の理由を進化論から説明すると、遺伝的つながりのある親族への援助行動に関する遺伝子が自然選択によって生き残りやすいということになります。この「血縁選択（Kin Selection）」の考え方と一貫して、生死に関わる危機的状況で血縁家族と友人のどちらかしか助けられない場合には、アメリカ人・日本人の男女ともに、より近い血縁関係にある相手（知り合いよりも兄弟や父親）を援助しやすいことが示されています（Burnstein et al., 1994）。これは、血縁関係にある相手を助けることで、たとえ自分が犠牲になったとしても、自分の遺伝子を後世に残すことができるからです。

　しかし、この血縁選択の考え方では、血縁関係にない相手への援助行動である利他的行動の理由を説明できません。この点については、他者を援助することで、自分が将来的に援助が必要になった時、同じように助けてもらえるだろうと期待する「互恵性規範（Reciprocity Norms）」が関係しています。**第10章**で紹介する相互依存理論(p.162)によると、自分の得られる利益は対人関係にある相手から提供されるものであり、互恵性規範が成立していると言えるでしょう。ただし、返報するまでの時間は相手との関係性によって異なります（交換関係 vs. 共同関係, p.163）。人間の進化の過程において、自己利益のためだけに行動する人々よりも、互恵性規範の価値を理解し、この規範に従って行動する人々の方が生き延びやすかったため、こうした規範も遺伝子に基づくものであるとも考えられています（Cosmides & Tooby, 1992）。

　私たちの援助行動が進化の過程で遺伝子に組み込まれたものなのであれば、乳幼児など発達の初期段階や、人間と遺伝子を共有しているほかの動物においても同様の援助行動が見られるはずです。99％以上の遺伝子が人間と一致しているとされるチンパンジーにも、こうした援助傾向が見られるかを検証するために行われた実験(Warneken & Tomasello, 2006)を紹介します。

　研究対象者は、生後18ヶ月の乳児とチンパンジーでした。独立変数は実験者が援助を必要としている状況かどうかです。具体的には、実験者(男性

成人）が床に落としたペンを取ろうと手を伸ばすものの届かない状況にある、といった実験条件と、統制条件として、実験者がペンをわざと床に投げるなどの状況を複数のタスクについて設定しました。

そして、それぞれのタスクで乳児とチンパンジーの反応を観察しました。その結果、乳児は、タスクの内容に関わらず、実験者が援助を必要としている実験条件の方が、統制条件に比べてより高い確率で実験者を援助しました（e.g. 落としてしまったペンを手渡す）。チンパンジーの場合には、タスクによっては実験者に援助が必要であると認識しなかったケースもありましたが、実験者が落としたペンを拾って手渡すなどの単純なタスクでは、統制条件よりも実験条件の方が援助する確率が高くなりました。つまり、援助行動に対する進化論的説明に一貫し、人間とチンパンジーに共通する祖先が、既に他者を援助する傾向をもっていたことを示唆しています。

B. 社会的交換理論：利益とコストを考えた計算高い援助行動

第10章（p.161）でも説明していますが、「社会的交換理論（Social Exchange Theory）」（Homans, 1974; Thibaut & Klley, 1959）によると、私たちは特定の行動によって得られる利益とその行動にかかるコストを計算し、その差（利益－コスト）を最大化するような行動をとります。この理論による援助行動の説明を考えるために、まず、次の場面を想像してみてください。

帰宅途中、あなたは交通事故を目撃しました。猫が突然道路を横切り、避けきれなかった自転車の男性が猫に衝突し、転倒しました。男性は、しばらく立ち上がることができず、頭を押さえています。

この状況で、あなたが男性を援助した場合に、あなたはどの程度の利益を得られると思いますか。男性が得る利益についてはどうでしょうか。また、あなたが男性を援助した場合、あなたと男性に対して、それぞれどの程度のコストがかかると思いますか。あなたと男性に生じる利益とコストのそれぞれについて、1＝低い、3＝中程度、5＝高いとして、1〜5の範囲で考えてみてください（表8-1）。

表8-1　援助行動から得られる利益とかかるコスト

		点	計
得られる利益	あなた		
	男性		
かかるコスト	あなた		
	男性		

　続いて、2つの利益（あなたが得る利益と男性が得る利益）の得点を合算して、利益得点を計算してください。2つのコスト（あなたにかかるコストと男性にかかるコスト）についても同様に、合算してコスト得点を計算してください。最後に、利益得点からコスト得点を引いてください。この数値は、−8から+8の範囲をとり、数値が高いほど、あなたがこの男性を援助する可能性が高いことを表しています。

　この例は、意識的か無意識的かに関わらず、援助行動によって得られる利益とその行動にかかるコストを見極め、コストよりも利益の方が大きい時にのみ援助行動を行う、という状況を表しています。これは、人の相互作用はコストを最小化し、利益や報酬を最大化するという社会的交換理論と一貫する考え方です。

　冒頭の事例では、ベビーカーを押した女性に対して男性が席を譲ろうと声をかけていました。この事例における利益とコストとして、**表8-2**に挙げたものが考えられます。

　これだけでも、利益とコストの計算が面倒に感じてしまいますが、実際に援助をするかしないかを判断する際には、男性が女性に声をかけなかった場合の利益とコストを含めて総合的に考えるため、さらに複雑になります。私たちが、緊急事態に直面したり、困った人を見かけたりした時に、こうした計算高い判断を行っているのか、疑問に思う読者もいることでしょう。ただし、社会的交換理論では、私たちが実際の場面で意識的に利益−コストの計算をしているのではなく、これらの要因を考えることによって私たちの行動を予測できるとされています。

表8-2　事例の援助行動から考えられる利益とコスト

			点	計
得られる利益	男性（援助者）	● 自己価値感の向上 ● 周囲の乗客からの賞賛 ● 女性に対する心配の緩和		
	女性（被援助者）	● 疲労回避 ● 周囲の乗客からの配慮		
かかるコスト	男性（援助者）	● 援助を拒否されたときの困惑 ● 身体的疲労		
	女性（被援助者）	● 援助を必要としていると周囲に思われることによる自尊心の低下 ● 援助を断ることに伴う罪悪感		

　さらに、前述の進化論や本項で紹介した社会的交換理論を背景とした援助行動の考え方に対する批判として、誰かを援助するのは自分に対する利益が存在する時だけなのか、という視点があります。この批判に基づき、「人は自分に利益がない時でも、援助行動をする」という立場の理論を以下に紹介します。

C. 共感－利他性仮説：共感に伴う利他的な援助行動

　アメリカの社会心理学者バトソン（Batson, 1991）が提唱した「共感－利他性仮説（Empathy-Altruism Hypothesis）」によると、人は困っている人を見かけ、その人の置かれた状況や抱いている感情を同じように経験した時、つまり共感した時には、利益やコストに関わらず、その人を援助します。反対に、共感しなかった時には、社会的交換理論の説明と同様、援助行動に関わる利益とコストを考慮し、コストよりも利益が上回れば援助し、利益よりもコストが上回れば援助しません。

　共感－利他性仮説を検証した実験（Toi & Batson, 1982）を紹介します。実験参加者は、大学で「心理学入門」を履修している学生です。実験室ではまず、キャロルという学生の近況についての音声メッセージが流れます。そ

れによると、キャロルも参加者と同じく「心理学入門」の授業を履修していましたが、先日、ひどい交通事故に遭い、生活に車いすが必要な今の状況では、授業ノートを誰かに借りなければ単位が取得できないと言うのです。音声メッセージを聞いた後、参加者は実験者からメモの入った封筒を受け取ります。そのメモはキャロルが履修している「心理学入門」の担当教員からで、「授業ノートをキャロルに貸すために、キャロルと会ってくれないか」と尋ねる内容でした。

　この実験では、2つの独立変数が設定されています。1つ目は、キャロルに対する共感度です。高共感条件では、音声メッセージを聞く際に、彼女が自分の置かれた状況についてどのように感じているのか、交通事故が彼女の生活をどの程度変えてしまったのかについて想像するよう教示され、実験参加者がキャロルに対して共感を抱くようになっていました。一方、低共感条件では、音声メッセージはできるだけ客観的に聞き、キャロルの感情については特に気にしないように教示されました。メッセージを聞いた後、キャロルに対する共感度を尋ねてみると、想定した通り、低共感条件の参加者に比べ、高共感条件の参加者の方が、キャロルに対して高い共感を示していました。

　もう1つの独立変数は、援助しないことによるコストの高低です。高コスト条件では、キャロルは参加者と同じ授業を取っており、翌週から授業に出席できるため、参加者が授業に行くたびに車いす姿のキャロルを目にし、援助しなかったことを思い出す状況であると教示されました。低コスト条件では、キャロルはまだ自宅で学習しており、授業には出席しないため、車いす姿のキャロルを見ることはなく、援助しなかったことに対して罪悪感を抱くことはないと教示されました。

　それぞれの条件で教示を受け、音声メッセージを聞いた後、すべての参加者は、キャロルに授業ノートを貸し、援助するかを尋ねられました。

　実験結果は、**図8-1**に示した通りです。

　まず、キャロルに対する共感を促された高共感条件では、援助しなかった時のコストの高低に関わらず、7〜8割の参加者が授業ノートを貸すことに同意しました。一方、低共感条件では、援助しなかった時のコストが高い場合には高共感条件と同程度の参加者が援助したのに対し、援助しなく

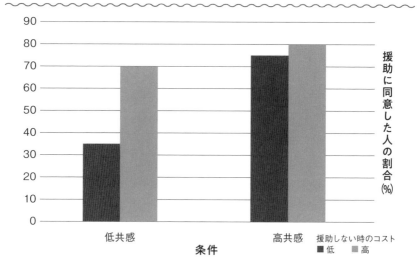

図8-1　共感 - 利他性仮説実験において援助に同意した人の割合
（Toi & Batson, 1982を基に作成）

てもコストが低い場合には、援助する人の割合が低下しました。

　一方、共感 - 利他性仮説に対しても、批判が挙げられています。それは、共感している時でさえ、自己利益を追求している可能性があるためです。人は困っている人を見ると、悲しみや苦痛を感じます。私たちは、共感に伴う自らの悲しみや苦痛を軽減するために、援助行動をしているのかもしれません。例えば、困った人を見た時の悲しみを、お笑い番組を観たり聞いたりするなど別の方法で軽減すると、たとえ共感していたとしても、援助率は低下します（Schaller & Cialdini, 1988）。つまり、共感 - 利他性仮説において利益やコストを度外視しているとされる高共感の時でさえ、悲しみの軽減など自己の利益が援助行動を引き起こしている可能性を示唆しています。

　1964年のある日の夜、ニューヨークの住宅街でキティ・ジェノヴィーズという女性が帰宅途中に男に襲われました。女性が襲われた時に悲鳴をあげたため、男はいったんその場を立ち去りましたが、誰も出てくる気配がなかったのでもう一度戻り、女性に暴行を加えました。そのようなことを数回30分にも渡って続け、とうとう女性は殺害されてしまいました。事件後の報道によると、38名もの人が女性の悲鳴を聞いていたというのです。しかし、窓際から外を見ても、特に何もなかったため警察に通報することもなかったそうです。しかも、1度だけではなく2度3度、女性の助けを求める叫び声を聞きながらも、誰一人助けることもなかったのです。

　この事件は、『38人の沈黙する目撃者』（Rosenthal, 1999）という書籍にもなったほど有名なのですが、その後の裁判記録などを丁寧に分析してみると、実は、事件の内容がそれを報じた記者によって誇張されていたことが判明しました（Manning et al., 2007）。しかし、最近でも、誘拐事件や暴行事件などを SNS でライブ配信し、その配信を閲覧している視聴者が何も行動を起こさない、という類似した事件も起きています。

　実際には38名もの傍観者がいたわけではないのですが、キティ・ジェノヴィーズの事件をきっかけに、援助行動の研究が数多く行われてきました。複数の人が事件を目撃していながら、被害者を助けなかったのはなぜなのでしょうか。「事件の目撃者が冷淡な人だったからだ」と考える、「対応バイアス（Correspondence Bias）」（p.69）に陥る人もいるかもしれません。しかし、援助行動は、「その人（＝援助者）がいい人か悪い人か」だけではなく、状況的要因にも大きく左右されます。ラタネとダーリー（Latané & Darley, 1968, 1970）は、多くの人が目撃しているほど援助行動が起きにくくなる「傍観者効果（Bystander Effect）」を提唱しました。そして、この傍観者効果が起きるプロセスをいくつもの実験で検証しました。

　傍観者効果については、その後も1960年代から2010年までの約50年間に、合計7,700名以上の参加者を対象にした105の研究が実施されました。これらの結果を総合的に検証したメタ分析（p.18）によると、①緊急ではない

あなたを動かす、他人の言動　第Ⅲ部

状況、②援助行動に身体的コストが伴わない状況、③より多くの傍観者が存在する状況において、傍観者効果が起きやすいことが示されています（Fischer et al., 2011）。

❸ 介入過程モデルと援助行動に対する抑制要因

　ラタネとダーリー（Latané & Darley, 1970）は、傍観者効果および緊急事態において目撃者が介入するかどうかを決定づける要因について研究を重ね、介入過程モデルを提唱しました。このモデルによると、目撃者が援助（介入）するかどうかを決定するまでには、以下の5つの意思決定や行動をとるとされています（図8-2）。

　図8-2のそれぞれの段階において、援助行動を促進する意思決定をしなければ、援助行動は起こりません。各段階に援助行動を抑制する要因が存在しますが、その中でも、特に**段階2・3**では、社会心理学の領域で概念化された、特有の抑制要因があります。以下、それぞれ見ていきましょう。

A. 多元的無知：「誰も助けていないから、援助は不要だろう」（段階2）

　本章冒頭の事例では、男性がベビーカーを押した女性に声をかけていましたが、女性が電車に乗り込んだ時に誰も声をかけなかったとしましょう。そのような状況を前にすると、「誰も声をかけていないし、特に席を必要としているわけではないのだろう」と考えることがありそうです。実は、周囲の人たちも、みなさんと同じように、声をかけるかどうか迷っているだけで、席を譲る必要がないと考えているわけではないのかもしれません。つまり、援助すべきかどうかがあいまいな状況で、自分は迷っているため行動に移していないのにもかかわらず、周囲の人たちの様子から援助が不要だと認識するのです。

　このように、他者の行動から態度や意見を推測し、誤った判断をすることを「多元的無知（Pluralistic Ignorance）」と呼びます。他者の行動を参考にして、同じように振舞うという意味では、情報的影響による同調（p.190）が起きているとも言えるでしょう。

図8-2　ラタネとダーリーの介入過程モデルと抑制要因

【抑制要因】

 1. 援助の対象となる状況に気がつく

電車内で席を必要としている人や、道端で倒れている人に気がつかなければ、援助をすることはできない。

 2. その状況を緊急事態である、あるいは対象者が援助を必要としていると認識する

電車内で、その人は特に席を必要としていないだろう、倒れていてもただ寝ているだけだろうと認識すれば、援助行動には出ない。

 3. 援助する責任が自分にあると感じる

ほかの乗客が席を譲るだろう、周囲の人が倒れている人に声をかけるに違いないと考え、自分が助けなくてもほかの人が助けてくれると感じると、援助しない。

 4. 自分に可能な援助方法を決定する

倒れている人が出血しているのを見ても、止血の方法がわからないからと、援助を躊躇することもある。

 5. 具体的にどのように援助するのかを決める

援助方法を知っていたとしても、援助すると自分の命に危険がある、周囲からの評価に対する恐怖や懸念（聴衆抑制）があるなど、多大なコストがかかる状況では、援助できないこともある。

6. 援助する

　ラタネとダーリー（Latané & Darley, 1968）は、実験参加者にとって危険をはらむ可能性のあるあいまいな状況を実験室内に作り出し、多元的無知の発生について検証しました。実験参加者は、アメリカ人の男子大学生です。インタビューへの協力に同意した参加者が、待合室で予備調査の質問紙に回答していると、待合室の壁にある通風孔から白い煙が少しずつ入ってきます。この状況について、参加者が実験者に報告するかどうかを観察しました。一部の参加者は、①待合室において1人で待機し、また一部の参加者は、②ほかの2人の参加者と待機していました。最後のグループの参加者

も、③ほかの2人（実は実験協力者）と待機するのですが、この他者は煙の方
に注意を向けても、何も反応しないように実験者から指示されていまし
た。自分以外の目撃者の存在は、発煙という緊急事態を報告するかどうか
に影響するのでしょうか。

　この実験の結果を**図8-3**に示します。①1人で待機していた実験参加者
は、しばらくは煙の様子を観察したりするものの、半数以上が煙発生後2分
以内に実験者に報告し、6分以内には、報告者の割合が75％に達します。一
方、②ほかの2人の参加者と一緒にこの緊急事態に遭遇した場合、2分以内
に報告したのはこの条件の参加者のうち12％、6分以内でも38％にとどま
りました。さらに、③煙を見ても何も反応しない2人の実験参加者（実は実
験協力者）と同席した場合には、報告率はさらに低く、6分経っても10％の
参加者しか発煙について報告をしませんでした。

　実験後のインタビューで、行動した、または行動しなかった理由を尋ね
ると、発煙を報告した参加者は「火事ではないかもしれないが、何かおかし
いと感じたから」と、危険かどうかはわからないものの、普通ではないので
調べてみる必要があると考えていました。一方で、報告しなかった参加者

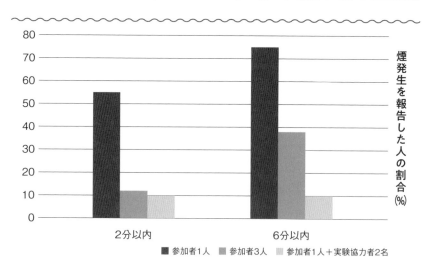

図8-3　多元的無知実験において介入した人の割合
（Latané & Darley，1968を基に作成）

は、「何かおかしいと感じたが、火事などの危険な状況ではないと考えたから」などとその理由を述べました。つまり、1人の場合にはあいまいな状況を緊急事態であると判断しやすかったのに対し、周囲に人がいると、特に、事態に気づいていながら反応しない他者がいると、緊急事態ではないと判断しやすかったことが示されたのです。

　なお、この実験では煙発生後6分経つと、質問紙に回答するには手で煙を払う必要がある程、煙が部屋に充満し始めます。これが、実際の火事であれば、逃げ遅れて命の危険にさらされる可能性もある状況だったのです。

B. 責任の分散：「自分でなくても、誰かが援助してくれるだろう」（段階3）

　援助が必要だと認識したとしても、自分でなくても、ほかの誰かが手を貸すだろうと考えると、援助しないこともあるでしょう。例えば、「電車内で自分が席を譲らなくても、もっと近くに座っている人が譲るだろう」、「自分が救急車を呼ばなくても、既に誰かが連絡しているだろう」などという考えです。これを「責任の分散（Diffusion of Responsibility）」と呼びます。援助しなかった場合の個人的な責任の程度が、それを目撃している人の人数によって主観的に分散されます。目撃者の数が多いほど、1人の目撃者が感じる責任は低くなり、傍観者効果を促進することになるのです。

　ダーリーとラタネ（Darley & Latané, 1968）は、緊急事態であると認識していながらも介入しない要因として責任の分散の影響があるとして、以下の実験を行いました。実験参加者は、別の個室にいる実験参加者とマイクを通して大学生活に関連した問題について、各自持ち時間2分間で意見を伝え、議論する課題を行いました。課題では、発言者のマイクのみが作動しており、実験者はこの議論には参加しないことが伝えられます。実験が始まると、参加者のうちの1人が議論中にてんかんのような発作を引き起こします（実際には事前に録音された音声）。この発作を聞いている間、ほかの参加者がどのように行動しているかはわからない状況です。

　この実験における独立変数は、ほかにも参加していると伝えられた実験参加者の人数です。①参加者と病人のみ（目撃者＝1名）、②参加者と病人のほかにもう1人の参加者（目撃者＝2名）、③参加者と病人のほかに4人の参加者（目撃者＝5名）、という3条件が設定されていました。それぞれの条件にお

いて、どのくらいの人がこの緊急事態を実験者に報告したのでしょうか。また、報告するまでに、どのくらいの時間がかかったのでしょうか。

　結果は、**図8-4**に示した通りです。発作を聞いているのが自分のみだと認識している参加者の多くは状況に気づき、比較的早い段階で実験者に報告したのに対し、ほかの参加者もその状況を把握していると認識している場合には、ほかの参加者の人数が多いほど報告する人が少なく、報告するまでにより長い時間がかかっていました。つまり、緊急事態に遭遇した時に他者が一緒にいると認識しているほど、援助行動が起きにくいことを示しています。

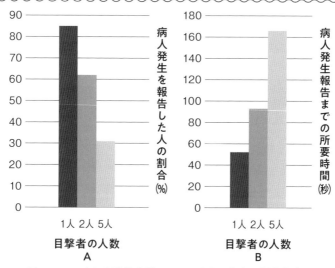

図8-4　てんかん発作実験において介入した人の割合（A）と
介入までの所要時間（B）（Darley & Latané，1968を基に作成）

④ まとめ：人助けが実現するまで

　本章では、人が他者を援助する理由に関して説明する理論と、援助行動を抑制する状況要因について学びました。本章で紹介した事例以外にも、読者のみなさんが実際に経験した援助行動（または援助行動に出られなかっ

た状況)を思い浮かべたかもしれません。そうした援助行動には、ここで説明した3つの理論(進化論／社会的交換理論／共感－利他性仮説)のうち、どの理論が最も当てはまっていたでしょうか。援助行動に出られなかった時には、介入過程モデルのうちどの段階で、どのような抑制要因が働き、援助行動を躊躇することになったのでしょうか。

本章冒頭の事例では、男性がベビーカーを押した女性に対して、席を譲ろうと声をかけました。それぞれの理論に当てはめて男性の援助行動について考えてみましょう。まず、進化論に基づくと、例えば、男性にも小さな子どもがいて、以前同じような状況で席を譲られた経験があり、互恵性規範から女性に声をかけたのかもしれません。社会的交換理論に沿って考えてみると、「席を譲る」という行動は、男性にとってそれほど大きなコストはかからず、周囲からの賞賛や自己価値感の上昇などの利益が得られるため、「利益＞コスト」となり、援助行動を決めたのかもしれません。共感－利他性仮説に基づけば、男性の行動は、このように計算高い動機からくるものではなく、同じように小さな子どもをもつ男性が、女性に共感したことによると考えられます。以上のように、同じ行動に対しても、理論によって、「なぜ」その援助行動がとられたのか、という説明が異なるのです。

一方、援助行動を抑制する状況要因として、傍観者効果がありました。援助行動が必要とされている状況を目撃している人が多いほど、援助を提供できる人は増えるのですが、実際には、援助行動が起きにくくなります。介入過程モデルによると、傍観者効果が起きるプロセスを含めた5つの段階(**図8-2**)を乗り越えてはじめて、援助行動が起きるのです。

このモデルのうち、いずれかの段階で躊躇してしまうと、援助行動は起きません。モデル内で挙げられているような複数の状況要因を考えただけでも、想像していたよりも複雑だと感じるかもしれませんが、援助行動には援助者の性格特性による個人差もあるようです。例えば、共感性が高い人やマスキュリニティ(Masculinity＝男性性)の低い人ほど、他者のことを気にかけ、手助けをする傾向があります(Bierhoff et al., 1991; Tice & Baumeister, 1985)。**第4章**(p.53)で紹介したセルフ・モニタリング傾向の高い人は、援助することが社会的に求められていることが明らかな状況においては、その期待に副うために援助しやすくなります(White & Gerstein, 1987)。ただし、

こうした個人要因は、本章で述べた状況要因に比べて、援助行動との関連について支持する研究成果が少ないのが現状です。近年行われた実験では、緊急事態における目撃者の数が増えると、援助行動の準備に必要な脳部位の活動が抑制されることも示されています（Hortensius & de Gelder, 2018）。つまり、目撃者のいる状況が直接援助行動へ影響するのではなく、目撃者の存在が、脳活動のほか、情動的要因や特性的要因などと相互に影響しあって、援助行動を抑制しているのかもしれません。

> **第8章で学んだキーワード**
>
> 向社会的行動、援助行動、利他的行動、進化論、血縁選択、互恵性規範、社会的交換理論、共感－利他性仮説、傍観者効果、多元的無知、責任の分散

📖 参考文献

Batson, C. D. (1991). *The Altruism Question: Toward a Social-Psychological Answer*. Erlbaum.

Bierhoff, H. W., Klein, R., & Kramp, P. (1991). Evidence for the altruistic personality from data on accident research. *Journal of Personality*, **59**, 263–280.

Burnstein, E., Crandall, C., & Kitayama, S. (1994). Some neo-Darwinian decision rules for altruism: Weighing cues for inclusive fitness as a function of the biological importance of the decision. *Journal of Personality and Social Psychology*, **67**, 773–789.

Cosmides, L., & Tooby, J. (1992). Cognitive Adaptations for Social Exchange. In J. H. Barkow, L. Cosmides, & J. Tooby (Eds.), *The Adapted Mind: Evolutionary Psychology and the Generation of Culture* (pp.163–228). Oxford University Press.

Darley, J. M., & Latané, B. (1968). Bystander intervention in emergencies: Diffusion of responsibility. *Journal of Personality and Social Psychology*, **8**, 377–383.

Darwin, C. R. (1859). *The Origin of Species*. John Murray.

Fischer, P., Krueger, J. I., Greitemeyer, T., Vogrincic, C., Kastenmüller, A., Frey, D., Heene, M., Wicher, M., & Kainbacher, M. (2011). The bystander-effect: A meta-analytic review on bystander intervention in dangerous and non-dangerous emergencies. *Psychological Bulletin*, **137**, 517–

537.

Homans, G. C. (1974). *Social Behavior: Its Elementary Forms (Revised Ed.)*. Harcourt, Brace & World.

Hortensius, R., & de Gelder, B. (2018). From empathy to apathy: The bystander effect revisited. *Current Directions in Psychological Science*, **27**, 249–256.

Latané, B., & Darley, J. M. (1968). Group inhibition of bystander intervention in emergencies. *Journal of Personality and Social Psychology*, **10**, 215–221.

Latané, B., & Darley, J. M. (1970). *The Unresponsive Bystander: Why Doesn't He Help?* Prentice-Hall.

（ラタネ，B.・ダーリー，J. M.　竹村研一・杉崎和子（訳）（1977）．冷淡な傍観者――思いやりの社会心理学――　ブレーン出版）

Manning, R., Levine, M., & Collins, A. (2007). The Kitty Genovese murder and the social psychology of helping: The parable of the 38 witnesses. *American Psychologist*, **62**, 555–562.

Penner, L. A., Dovidio, J. F., Piliavin, J. A., & Schroeder, D. A. (2005). Prosocial behavior: Multilevel perspectives. *Annual Review of Psychology*, **56**, 365–392.

Rosenthal, A. M. (1999). *Thirty-Eight Witness: The Kitty Genovese Case*. Univesrity of California Press.

（ローゼンタール，A. M.　田畑暁生（訳）（2011）．38人の沈黙する目撃者――キティ・ジェノビーズ事件の真相――　青土社）

Schaller, M., & Cialdini, R. B. (1988). The economics of empathic helping: Support for a mood management motive. *Journal of Experimental Social Psychology*, **24**, 163–181.

Thibaut, J. W., & Kelley, H. H. (1959). *The Social Psychology of Groups*. Wiley.

Tice, D. M., & Baumeister, R. F. (1985). Masculinity inhibits helping in emergencies: Personality does predict the bystander effect. *Journal of Personality and Social Psychology*, **49**, 420–428.

Toi, M., & Batson, C. D. (1982). More evidence that empathy is a source of altruistic motivation. *Journal of Personality and Social Psychology*, **43**, 281–292.

Warneken, F., & Tomasello, M. (2006). Altruistic helping in human infants and young chimpanzees. *Science*, **311**, 1301–1303.

White, M. J., & Gerstein, L. H. (1987). Helping: The influence of anticipated social sanctions and self-monitoring. *Journal of Personality*, **55**, 41–54.

あなたを動かす、他人の言動　第III部

第 IV 部

「好き」は
どのように生まれ、
なぜ
離れていくのか？

第9章 対人魅力
―人を好きになるということ

　TVで人気俳優と女性歌手との結婚式の様子が放送されている。二人は、映画での共演をきっかけに、交際を始めたそうだ。それを見た母親は父親との出会いを思い返している。職場結婚の両親は、二人で同じプロジェクトに参加したことで、お互いの距離が近づいたそうだ。弟は最近、マッチングアプリを使っている。時代によって、出会いのきっかけは変化しても、魅力的だと感じる相手の特徴は変わらないのだろうか。

#第一印象が大切　#恋は盲目　#吊り橋効果

私たちは、相手に良い印象を与えようとふるまい、自己呈示をしています(p.51)。これは初対面の相手に対しても同様です。そしてその後のコミュニケーションを通じて、その相手に好意を抱くこともあるでしょう。では、初対面時の第一印象というのは、どのようなプロセスによって形成されているのでしょうか。また、相手に惹かれるかどうかを規定する要因には、どのようなものがあるのでしょうか。つまり、私たちは、どのような状況で、どのような相手を好きになるのでしょうか。本章では、初対面の相手に対して抱く第一印象や既存の関係相手に対する認知、および対人魅力の規定因について説明します。

❶ 対人認知：「第一印象」や「恋は盲目」の仕組み

　初対面の相手と出会った時、その人に関して知っている情報は限られています。その限られた情報の中にある、とても些細な違いが、印象形成に影響を与えます。以下、実験の参加者になったつもりで見ていきましょう。まず、**表9-1**(左)にＡさんの性格特性が書かれています。上から順に読んでみてください。

表9-1　Ａさん／Ｂさんの性格特性(Asch, 1946を基に作成)

Ａさん	Ｂさん
● 知的である	● 知的である
● 器用である	● 器用である
● 勤勉である	● 勤勉である
● 温かい	● 冷たい
● 決断力がある	● 決断力がある
● 実際的である	● 実際的である
● 用心深い	● 用心深い

　この情報を基に、Ａさんが次のそれぞれの特徴に当てはまるかどうかを考えてみましょう。
● 寛大である
● 幸福である

- 賢い
- 利他的だ
- 人気がある

　次に、**表9-1**（右）にあるBさんの性格特性を見て、上の5つの特徴にそれぞれ当てはまるかどうかを考えてください。AさんとBさんとで、あなたの回答に違いがあったでしょうか。実際の実験参加者は、AさんとBさんいずれかについての性格特性が読み上げられるのを聞いて、その人物に関して評価をしました（Asch，1946, Experiment Ⅰ）。**表9-1**に挙げた2人の性格特性を見比べてみるとわかりますが、7つ挙げられている性格特性のうち、6つは共通しており、1つの特性(温かい vs. 冷たい)のみが異なっています。実験では、この違いによって、AさんとBさん、それぞれに対して抱く印象が大きく変わることが示されました。**図9-1**にあるように、「冷たい」というネガティブな特性が含まれるBさんに比べ、「温かい」というポジティブな特性が含まれるAさんの方が、全体的により肯定的な印象をもたれています。一方で、「信用できる」「真面目だ」「粘り強い」などの評価については、AさんBさんともに当てはまると回答した人がほとんどで、違いが見られませんでした。つまり、1つの特性の違いが特定の側面における印象形成に大きく影響していることがわかります。

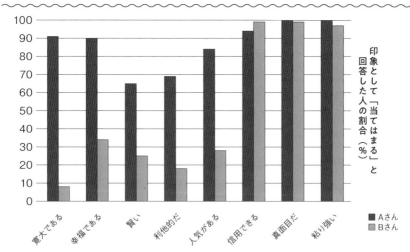

図9-1　Aさん／Bさんに対する印象評定の結果（Asch，1946を基に作成）

A. 初頭効果 vs. 新近効果

　再び、実験参加者と同じように、別の2人の人物についての印象評定をしてみましょう。まずは、**表9-2**（左）にある C さんについての性格特性を上から順に読んでみてください。

表9-2　C さん／D さんの性格特性（Asch, 1946を基に作成）

C さん	D さん
● 知的である	● 嫉妬深い
● 器用である	● 頑固である
● 勤勉である	● 批判的である
● 衝動的である	● 衝動的である
● 批判的である	● 勤勉である
● 頑固である	● 器用である
● 嫉妬深い	● 知的である

　そして、次の5つの特徴それぞれが C さんに当てはまるかどうかを考えてください。
● 寛大である

● 幸福である

● 賢い

● 利他的だ

● 人気がある

　次に、D さんの性格特性（**表9-2**［右］）を上から順に読み、上の5つの特徴それぞれが D さんに当てはまるかどうかを考えてみましょう。C さんと D さんの印象に違いはあったでしょうか。**表9-2**をよく見てみると、C さんと D さんの性格特性として挙げられている内容は、全く同じです。違いは、C さんの特性はポジティブなものからネガティブなものの順に並んでいるのに対し、D さんの特性はネガティブなものからポジティブなものの順に並んでいるところです。実際の実験参加者は、いずれか1人の性格特性を読み上げられたのを聞き、印象評定をしました（Asch, 1946, Experiment VI）。その結果の一部は、**図9-2**に示した通りです。評価する特性にもよりますが、ポジティブな特性を先に提示された C さんの方がよりポジティブに評価され、ネガティブな特性を先に提示された D さんの方がよりネガティブ

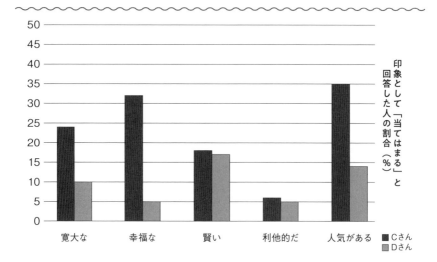

図9-2 Cさん／Dさんに対する印象評定の結果（Asch，1946を基に作成）

に評価されています。

　様々な対人場面において、「第一印象が大切である」と言われるのは、この「初頭効果（Primacy Effect）」のためです。最初に抱いた印象が、その相手に対する全体の印象を方向づけてしまうのです。つまり、最初に良い印象を与えることができなければ、後で挽回しようとしても、初対面時の悪い印象を引きずってしまい、高評価を受けることが難しくなります。逆に、第一印象が良ければ、その後、多少ネガティブなところを見せてしまったとしても、あまり影響がないと言えます。さらに、もう一度会う機会が保証されていない就職活動における採用面接や恋活・婚活パーティーなどの場面では、第一印象が悪ければ、次のチャンスが与えられないことも考えられます。

　しかし、逆の効果は考えられないでしょうか。つまり、最初の印象よりも、後になってからわかったその人の人柄によって、印象が変わるという経験をしたことがある人もいるかもしれません。これを「新近効果（Recency Effect）」と言います。新近効果の研究は、裁判所における法廷の場面を想定して実施されました（Miller & Campbell，1959）。実験参加者の大学生は、まず原告側の証言（情報1）を読みます。1週間後、弁護側の証言（情報2）を読ん

だ直後に意見を求められると、ほとんどの参加者が後に提示された弁護側を支持していました。つまり、最初に提示された情報よりも、後に提示された情報の方が影響力をもつ、新近効果と一貫した結果が示されました。

では、初頭効果と新近効果は、それぞれどのような状況で起きやすいのでしょうか。実は前述の法廷場面実験において、異なる実験条件では初頭効果が見られています。先ほどとは別の実験参加者に、原告側の証言（情報1）を読んでもらい、その直後に弁護側の証言（情報2）を読んでもらいます。1週間後に意見を求められると、ほとんどの参加者が、最初に提示された原告側の証言を支持する結果となりました。この結果から、2つの情報が続けて提示され、少し時間をおいた後に評価をすると、最初に提示された情報の影響が強く、初頭効果が見られます。一方、最初の情報が与えられた後、ある程度の時間が経ってから2つ目の情報が与えられ、その直後に評価をする場合には、最初の情報を忘れてしまっているため、後で与えられた情報の影響が強く、新近効果が見られます（**図9-3**）。複数の異なる情報を提示する間隔や評価をするタイミングによって、どの情報を先に提示するのかを考える必要がありそうです。

初頭効果が起きやすい状況

新近効果が起きやすい状況

図9-3　初頭効果と新近効果（Myers et al., 2009を基に作成）

B. ポジティブ・イリュージョン

誰かとの関係が形成された後、人はそのパートナーのことをどのように認知するのでしょうか。友人が恋人の良いところを自慢げに話しているのを聞いて、「正直、それほど魅力的だろうか？」と疑問に思ったことのある

人もいるかもしれません。これは、その友人が「ポジティブ・イリュージョン（Positive Illusions）」という状態に陥っているからでしょう。対人関係においてパートナーのことを実際よりも肯定的に認知している状態、つまり、「あばたもえくぼ」「恋は盲目」です。

マーレーら（Murray & Holmes, 1997; Murray et al., 1996）は、恋人カップルと夫婦を対象に、ポジティブ・イリュージョンが関係評価や関係持続にどのように関連しているのかを調査しました。調査ではまず、恋人関係または夫婦関係にある男女が、自身とパートナーそれぞれの性格特性について回答しました。また、①パートナーとの関係にどの程度満足しているのか、②パートナーをどの程度愛しているのか、③パートナーをどの程度信頼しているのか、を関係の良好さに関する指標として測定し、調査の1年後、その関係が続いているのかを尋ねました。調査参加者によるパートナーの性格に関する評価がパートナー自身の自己評価よりも高かった場合に、ポジティブ・イリュージョンを保持しているとしました。

調査の結果、パートナーに対してポジティブ・イリュージョンを抱いている人ほど、関係がより良好であり、1年後にも関係が持続していることが示されました。新婚夫婦168組を対象にした研究においても、同様に配偶者をよりポジティブに認知している人ほど、その後13年にわたって愛情が低下しにくいことがわかっています（Miller et al., 2006）。性格特性だけではなく、身体的魅力に関するポジティブ・イリュージョンも夫婦関係の良好さと関連しています（Barelds & Dijkstra, 2009）。

ここまでで、性格や身体的魅力に関するポジティブ・イリュージョンを抱いているカップルほど、特に恋愛関係、夫婦関係においては、関係性が良好であると評価され、関係がより長期間にわたって継続することがわかりました。しかし一方で、関係に満足し、パートナーとの付き合いが長いからこそ、ポジティブ・イリュージョンを抱きやすいということはないのでしょうか。**第1章**で説明した通り、調査研究では因果関係を特定することはできません。しかし、同じ参加者が複数回にわたって調査に参加する縦断研究では、このような代替説明を同時に検証することが可能です。つまり、関係満足感や関係継続期間が、後のポジティブ・イリュージョンを予測するかを検証するのです。こうした縦断研究の結果、関係満足感や関係

継続期間と後のポジティブ・イリュージョンとは、有意な関連が見られません でした（Fowers et al., 2001; Murray & Holmes, 1997; Murray et al., 1996）。したがって、関係が長続きしていたり、関係に満足していたりするからポジティブ・イリュージョンを抱くのではなく、ポジティブ・イリュージョンを抱いていると関係に満足し、長続きする、と言えそうです。

C. 帰属バイアス

　対人関係において、関係がうまくいっている時には気にならなかったことが、関係が少しうまくいかなくなると気になり始めることがあります。例えば、あなたが恋人と待ち合わせをしていて、30分経っても彼／彼女が待ち合わせ場所に現れない、という場面を想像してみてください。あなたは恋人が遅刻した理由をどのように考えるでしょうか。

　「電車が遅延しているのかもしれない」「出かける準備に時間がかかってしまったのだろう」「いつも遅れてくる人だから」……など、様々な原因が考えられます。**第5章**でも紹介した通り、このように何かしらのイベントや他者の行動などの原因について考えることを「原因帰属（Causal Attribution）」と呼びます。恋人や夫婦関係などでは、その関係に満足している程度によってどのような原因帰属をするのかが異なることがわかっています。関係に満足している場合は、関係強化型の原因帰属をします（**図9-4**）。

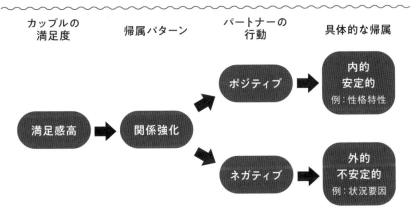

図9-4　関係に満足している場合の原因帰属（Fincham, 2001を基に改変）

パートナーが何かポジティブな行動をとった（e.g. プレゼントをくれた、優しい言葉をかけてくれた）時は、パートナー自身の内的要因（e.g. パートナーは、いい人だから）に帰属します。一方、ネガティブな行動をとった(e.g. あなたの誕生日を忘れていた、あなたの悪口を言った）としても、パートナーを責めることなく、パートナー以外の要因（e.g. 最近、授業やバイトが忙しいから）に帰属します。こうした帰属をすることで、互いの関係性についてもともと抱いていた高い満足感が維持されます。

　一方、関係がうまくいっておらず、満足感が低い場合はどうでしょうか。この場合は、さらに関係を悪化させるような対立促進型の原因帰属をします（**図9-5**）。パートナーがポジティブな行動をとったとしても、それはパートナー自身のおかげではなく、パートナー以外の外的要因(e.g. 友人にそうするよう言われたから）に帰属し、ネガティブな行動は、パートナー自身の内的要因(e.g. あの人はそういう性格だから）に帰属します。こうして、関係満足感は、さらに低下してしまうのです。

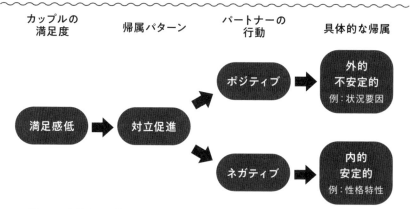

図9-5　関係に不満がある場合の原因帰属(Fincham, 2001を基に改変)

　ただし、関係満足感と帰属は、双方に影響しあっているという指摘もあります(Fincham, 2001)。つまり、前述のように関係満足感が原因帰属に影響を与えるだけでなく、関係強化型の帰属をしていると後の満足感が高まり、対立促進型の帰属をしていると、満足感が低下するということです(Fincham & Bradbury, 1993)。

　人はどのような相手に惹かれるのか、どのような状況でお互いに惹かれやすいのか、というのは、対人関係の研究分野でも長年にわたって研究されている問いです。対人魅力を規定する要因は、①環境要因、②相手要因、③自己要因、④相互的要因、⑤相互作用要因に分類されます。

　環境要因とは、対人関係を形成する人々がどのような環境や状況に置かれた時に、他者に魅力を感じやすいのか、を指します。相手要因とは、どのような特性をもった相手を好きになりやすいのかを指し、自己要因とは、自分がどのような身体的状態、心理状態の時に他者に惹かれやすいのかを表しています。相手と自己の要因の組み合わせによって魅力度を予測するのが相互的要因、二者が関わっていく中で好意が生まれるのが相互作用要因です。本節では、これらの中でも特に多くの研究結果が示されている要因について見ていきましょう（**表9-3**）。

表9-3　対人魅力の規定因

①環境要因	● 近接性効果 ● 関係流動性
②相手要因	● 外見的魅力度 ● 好意の返報性
③自己要因	● 生理的興奮度
④相互的要因	● 類似性
⑤相互作用要因	● 単純接触効果

A. 環境要因：遠距離恋愛がうまくいかない理由と理想の相手と結ばれる環境
(1) 近接性効果

　学生の読者のみなさんの中には、大学入学当初、特に知り合いがいるわけでもない状況で入学式に出席し、偶然隣に座った学生と連絡先を交換し、その後も友人としての付き合いが続いているという人もいるかもしれません。もしくは、一人暮らしをしているアパートの隣の部屋に暮らす別

の大学に通う学生と顔見知りになり、仲良くなることもあるかもしれません。このように、より近くにいる人と親しくなり、対人関係を形成することを「近接性効果(Proximity Effect)」と呼びます。

　フェスティンガーら(Festinger et al., 1950)は、大学の寮で暮らし始めた新入生を対象に、誰と誰が友人になったかを追跡調査しました。その結果、同じ階で4部屋離れた部屋(e.g. 1番と5番の部屋)に暮らす学生同士の10%が友人となっていたのに対し、隣り合った部屋(e.g. 1番と2番、3番と4番の部屋)で暮らす学生同士の場合には41%が友人となっていました(**図9-6**)。異なる階の部屋に暮らす学生同士が友人となる確率は、その半分程度で、より近くの部屋に住んでいる学生同士の方が友人になりやすいことが示されました。

　さらに、部屋が隣り合っていなくても、階段のすぐ下の部屋(1番、5番の部屋)に暮らす学生は、2階の部屋の学生と友人になりやすいこともわかりました。建物の構造など、空間がどのように使用されているかといった物理的な要件によって生まれる距離は「機能的距離(Functional Distance)」と呼ばれ、物理的距離に加えて、近接性効果をもたらします。同様の結果は、建物間でも見られました。つまり、違う棟に住む学生同士よりも、同じ棟に住む学生同士の方が、友人になりやすいことが示されました。物理的距離や機能的距離が近い人ほど、相手に魅力を感じ、仲良くなりやすいのです。

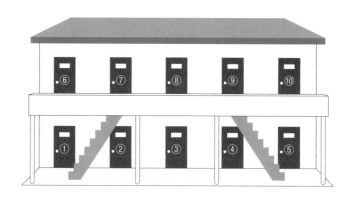

図9-6　寮の部屋の近さと友人関係への発展しやすさ(Festinger et al., 1950)

(2) 関係流動性

　新しい相手と出会い、その相手と関係を形成する機会の多寡を、「関係流動性（Relational Mobility）」と呼びます（Kito et al., 2017; Yuki & Schug, 2012、関係流動性についての詳細は p.239参照）。関係流動性が高い社会（e.g. 北米、都会）では、新しい出会いの機会が豊富に存在し、対人関係を比較的容易に組み換えることが可能です。一方、関係流動性が低い社会（e.g. 東アジア、田舎）では、新しい相手との出会いの機会があまり存在せず、いったん対人関係が形成されると、組み替えることが困難です。

　では、このような社会の特徴が、そこで形成される対人関係の性質にどのような違いを生み出すのでしょうか。その1つが、個人の選好に基づいて対人関係を形成できるかどうかです。高関係流動性社会では、関係の組み換え機会が多いため、関係選択の自由度が高く、自分の理想に近い相手を選択することが比較的容易ですが、低関係流動性社会では、関係相手を自由に選択することが困難なため、自分の理想でない相手と関係を形成することもあります。シュグら（Schug et al., 2009）による友人間の類似性に関する日米比較研究では、日本人もアメリカ人も自分と類似している他者と友人になりたいと回答しました。しかし、同時に、実際の友人との類似性について尋ねると、日本人に比べ、アメリカ人の方が、自分と友人との類似性が高いと答えました。さらに、類似性認知に関する日米差は、日本社会とアメリカ社会における関係流動性の違いによって統計的に説明されました。これらの結果は、アメリカのような関係流動性の高い社会では、人々が自分の選好に基づいて、自分と類似した相手と友人になることが可能である一方、日本のような関係流動性の低い社会では、それが困難であるということを示しています。

B. 相手要因：外見的魅力と押しの強さ

(1) 外見的魅力度

　初対面の相手に会って、最初に目につくのが、その人の外見です。一般的に、外見的魅力度が高い人ほど、好意をもたれやすいことがわかっています。ウォルスターら（Walster et al., 1966）は、大学の新入生（男女各365名）を対象としたダンスパーティーの場を設けて、外見的特徴が対人魅力に及

ぼす影響を調べました。新入生の外見的魅力度は、実験参加者とは別の協力者によって、事前に評価されました。ダンスパーティーの当日、参加者男女をランダムにペアにし、ペアごとにダンスをしたり話したり、自由に時間を過ごします。パーティーの後、一緒に参加した相手への好意度と今後その相手とデートに出かけたいかを尋ねました。その結果、パーティーへの参加以前に第三者から外見的魅力度が高いと評価されていた人ほど、より好意をもたれ、デートを希望されていました。やはり、外見的特徴が魅力的であればあるほど、相手から好意をもたれやすいようです。

　ウォルスターらによるダンスパーティー実験の約40年後、外見が魅力的である人ほど好まれやすいのか、という問いが別の実験方法によって検証されました（Kurzban & Weeden, 2005）。恋人探しサービスを提供している企業と提携し、アメリカ人男女各25名が参加する恋活・婚活イベントを対象に、合計1万人以上の参加者からデータが集められました。

　それぞれの恋活・婚活イベントでは、参加者同士で3分間会話をした後、相手について、より深く知りたいかを記録しました。マッチングが成立したペアは、後にインターネット上で相手のプロフィールを閲覧し、互いに連絡を取れるようにしました。その結果、前述のウォルスターらの実験と同様に、外見的特徴が魅力的である人ほど相手に好まれることがわかりました（相手への好意度が高くなる特徴としてほかには、女性には若くて背の高い同じ人種の男性、男性には若い同じ人種の女性が好まれていました）。

(2) 好意の返報性

　自分に好意を抱いてくれる相手のことが気になり、次第に好きになっていったという経験がある人もいるかもしれません。相手からの好意が対人魅力に与える影響について明らかにした実験を紹介します（Backman & Secord, 1959）。同性の初対面の参加者を集め、週1回6週間にわたり、自己紹介や様々なトピックについて議論してもらいました。初回セッションが始まる際、実験者によって、それ以前に回答した性格診断を基に、今後、各参加者に対して好意を抱くと予測される他の参加者リストが提示されました。

　その後、第1回、第3回、第6回のセッションにおいて、課題を一緒に行うパートナーとして誰が望ましいかを選択してもらったところ、自分に好意を抱いている（と実験者によって信じさせられている）相手を選びやすいこと

がわかりました。ただし、この「好意の返報性(Reciprocal Liking)」は、第1回のセッションにおいてのみ見られました。実験の開始日から時間が経過し、参加者同士が対話を重ね徐々に相手を理解するにしたがい、実験操作で引き起こされた好意の返報性による効果が薄れたと考えられています。

それでは、私たちは、なぜ自分に好意をもっている相手を好きになるのでしょうか。その理由の1つは、**第3章**(p.48)でも取り上げた、予言の自己成就(Self-Fulfilling Prophecy)です。

好意の返報性に当てはめて考えてみると、自分が好かれていると信じている(自己の信念)と、相手に対して自分のことをよく話し、思いやりをもって接するようになります(自己の行動)(**図9-7**)。そのように接した結果、相手は好意をもってくれやすくなります(帰結)。これにより相手からの好意と当初自分で抱いていた「好かれている」という信念が一貫し、自らの予言・期待が実現したと言うことができます(Curtis & Miller, 1986)。

図9-7　対人関係においての予言の自己成就
（Myers et al., 2009を基に作成）

C. 自己要因（生理的興奮度）：“ドキドキ”は好意の証

あなたが仲の良い相手からお化け屋敷や遊園地へ誘われ、一緒に出かけたとします。一緒にいると、ドキドキして、相手のことを意識し始め、好きなのかも…と思うことがあるかもしれません。これは、「吊り橋効果」と呼ばれる有名な現象です。

ダットンとアロン(Dutton & Aron, 1974)は、カナダの国立公園で、橋を渡っていた男性参加者を対象に実験を行いました。実験条件は以下の通りです。1つは生理的興奮を引き起こす吊り橋条件で、歩いて橋を渡ると大きく揺れ傾き、ワイヤーの手すりも低く作られているため、今にも橋から70

メートル下の峡谷へ落ちてしまいそうに感じます。もう1つは、生理的興奮が起きない固定橋条件で、吊り橋よりも幅が広く、小川の3メートル上にしっかりと固定された木製の橋を渡ります。

　男性参加者がそれぞれの橋を渡っていると、その途中で女子大学生から研究に協力してほしいと依頼されます。参加者が質問紙への回答を終えると、研究についての詳細を知りたければ電話をしてほしいと、女子大学生は彼女の名前と電話番号を書いた紙を手渡します。さて、どの程度の参加者が実際に電話をかけたのでしょうか。実験の結果、木製の固定橋を渡っていた参加者の場合には、そのうちの13％しか電話をかけなかったのに対し、吊り橋を渡っていた参加者の場合には、半数の男性が電話をかけていたことが明らかになりました。

　それでは、人はドキドキしている時に出会った相手を、いつでも好きになるものなのでしょうか。実は、そうでもないようです。別の実験（White et al., 1981）では、ランニングで心拍数の上がった男性参加者と通常の心拍数の男性参加者が、外見的特徴が魅力的な女性と、あまり魅力的でない女性の写真を評価しました。魅力的でない女性に比べ、魅力的な女性は、常に高く評価されましたが、ランニングで心拍数が上がり、生理的興奮度の高い参加者にとっては、この違いがより顕著に見られました。つまり、通常の心拍数の男性参加者に比べ、心拍数の上がった参加者は、魅力的な女性をより好んだ一方で、魅力的でない女性のことは好みませんでした。吊り橋効果が機能するのは、元々高く評価される対象に限られるようです。

D. 相互的要因（類似性）：惹かれ合う似た者同士

　「類は友を呼ぶ」と言われる通り、私たちは自分に類似した相手に魅力を感じます。これは、「類似性 − 魅力仮説（Similarity-Attraction Hypothesis）」と呼ばれます（Byrne, 1971）。例えば、友人関係の形成について調査するため、初対面の男子大学生同士が1学期間ルームシェアをしたところ、共通点の多い学生ほど、より親しい友人関係を築きました（Newcomb, 1961）。

　近年、恋愛関係の形成場面を実験状況で再現するためによく用いられるようになったスピードデーティング実験では、外見的特徴の魅力度が類似している男女ほど、マッチングが起きやすいことも示されています（Asendorpf et al., 2011)。では、外見以外では、どのような特徴が類似していると相手を好きになるのでしょうか。類似性－魅力仮説が提唱されて以来、人がもつ様々な特徴に関する類似性について研究がされてきました。その結果、年齢や教育歴などのデモグラフィック項目(Hitsch et al., 2010)、態度や価値観(Byrne & Nelson, 1965)、性格特性(Cuperman & Ickes, 2009)のいずれについても、互いに類似しているほど、相手に魅力を感じるようです。

　前述の**第2節 A. (2)**(p.151)でも、日本とアメリカの比較文化研究(Schug et al., 2009)において、日本人もアメリカ人も、自分と類似した相手と友人になりたいという選好をもっていることを紹介しました。さらに、アメリカで結婚支援インターネットサービスとして有名な eHarmony では、利用者を対象にした調査が頻繁に行われています。eHarmony で出会い、結婚に至った夫婦417組を対象にした調査(Gonzaga et al., 2010)では、eHarmonyの登録会員である異性間の類似性と、結婚に至った夫婦間の類似性を比較しました。すると、結婚に至った夫婦の方が、異性一般同士に比べて、性格や興味・関心がお互いに類似していました。さらに、類似性の高い夫婦ほど、2年後の関係満足度も高いということがわかりました。

　身近にいる友人や恋人と仲が良くなったきっかけを思い返してみると、お互いに似た者同士だったからだと考える人も多くいるでしょう。しかし実際には、それほど類似しているわけではなく、ただ類似していると認知しているだけかもしれません。私たちは、友人との類似性を、実際よりも高く見積もっています (Goel et al., 2010)。実際の類似性と類似性認知のどちらが対人魅力に影響するのでしょうか。モントヤら(Montoya et al., 2008)は、これまで実施された313の研究をレビューし、メタ分析(p.18)を行いました。その結果、実際の類似性は、初対面の相手に対する魅力度を予測している一方で、類似性認知は、関係の段階に関わらず、魅力度を予測していることがわかりました。つまり、対人関係の形成時には、実際の類似性とそれに伴う類似性認知が重要であり、既存の対人関係においては、実際の類似性よりも類似性認知の方が重要であることが示されたのです。

E. 相互作用要因(単純接触効果)：よく接触する人に対して好意を感じる

　それまで特に気にかけてこなかった音楽を、テレビの CM や街中でよく

耳にしているうちに、いつの間にか好きになっていたということはないでしょうか。これは「単純接触効果 (Mere Exposure Effect)」と呼ばれる現象です。音楽や広告だけでなく、人に対しても単純接触効果が起きることがわかっています。大学生の実験参加者に人物の写真を次々に見せ、その後でそれぞれの人物に対してどの程度好感を抱いたのかを尋ねました(Zajonc, 1968)。人物写真を見せる際、ある写真は1回しか見せず、ある写真は10回見せるというように、実験操作を行いました。すると、参加者は、見た回数が多い写真の人物に対して、より好感をもつことが示されました。

別の実験(Moreland & Beach, 1992)では、実験協力者の女性が、ある大学の授業に出席しました。クラスによってその女性の出席回数を操作し、あるクラスには全く出席せず（統制条件）、そのほかのクラスにはそれぞれ5回、10回、15回出席しました。授業への出席回数が多いほど、つまり、授業でより多く顔を合わせているほど、その女性は魅力的に評価され、好感をもたれました。

このように、当初は好きでも嫌いでもなかった相手に会えば会うほど好意を抱くようになるのが単純接触効果です。ただし、第一印象で「相性が合わなそう」など、否定的な評価をされてしまうと、顔を合わせる回数を重ねるほど印象がさらに悪化し、評価が下がるので、注意が必要です。

❸ まとめ：恋愛・友情を科学する

恋愛関係や友人関係などの対人関係は、身近に感じられるテーマであるため、関心をもって読んでいただいた読者の方も多いかもしれません。しかし、本章で扱った対人魅力や**第10章**で紹介する対人関係の研究が学術的意義をもつと認められ、対人関係が一研究分野として認知されるようになるまでには、一筋縄ではいかなかったようです。

対人関係研究は、1980年代後半から1990年代に学術分野として確立され、対人関係に特化した国際学会 (International Association for Relationship Research) の設立、専門誌 (*Personal Relationships, Journal of Social and Personal Relationships*) の刊行が実現しました。しかし、1975年に、この分野の先駆者

である女性研究者バーシャイド（Berscheid, E.）とハットフィールド（Hatfield, E.；本章掲載のダンスパーティー実験を行ったウォルスター〔Walster, E.〕と同一人物）が「愛に関する研究」のために研究助成金を獲得すると、政界、宗教団体、メディアなど、あらゆる方面から批判を浴びせられました（Hatfield, 2007）。その批判は、「愛というのは研究する価値がない」「愛を研究しても誰もが信じられるような回答を得ることはできないだろう。少なくとも私は答えが欲しくない」など、辛辣なものばかりでした。しかし、自身の研究テーマを支持してくれる人たちを味方につけ、さらには、同様の関心をもつ研究者と出会い、「愛の研究」の重要性を訴え続けたそうです。その結果、このテーマの価値が徐々に認められ、現在のように一研究分野として確立されていきました。本章および**第10章**に掲載された研究は、こうした歴史を経て行われてきたのです。

　近年、インターネットやSNSの普及によって、出会いの場が多様化してきています。これまでに培われてきた対人関係の研究成果は、今後、こうした多様な出会い方に関する検証にも応用されていくのでしょうか。それとも、出会いの場の変化によって、新たな心理や行動が生まれるのでしょうか。こうして考えていくと、対人関係研究にも、まだまだ未知の研究テーマが残されているように思われます。

```
┌─ 第9章で学んだキーワード ─┐
```
対人認知、印象形成、初頭効果、新近効果、対人魅力、好意の返報性、予言の自己成就、吊り橋効果、類似性 − 魅力仮説、単純接触効果

📖 **参考文献**

Asch, S. E.(1946). Forming impressions of personality. *Journal of Abnormal and Social Psychology*, 41, 258–290.

Asendorpf, J. B., Penke, L., & Back, M. D.(2011). From dating to mating and relating: Predictors of initial and long-term outcomes of speed-dating in a community sample. *European Journal of Personality*, **25**, 16–30.

Backman, C. W., & Secord, P. F.(1959). The effect of perceived liking on interpersonal attraction. *Human Relations*, **12**, 379–384.

Barelds, D. P. H., & Dijkstra, P.(2009). Positive illusions about a partner's physical attractiveness and relationship quality. *Personal Relationships*, **16**, 263–283.

Byrne, D. (1971). *The Attraction Paradigm*. Academic Press.

Byrne, D., & Nelson, D.(1965). Attraction as a linear function of proportion of positive reinforcements. *Journal of Personality and Social Psychology*, **1**, 659–663.

Cuperman, R., & Ickes, W.(2009). Big Five predictors of behavior and perceptions in initial dyadic interactions: Personality similarity helps extraverts and introverts, but hurts "disagreeables". *Journal of Personality and Social Psychology*, **97**, 667–684.

Curtis, R. C., & Miller, K.(1986). Believing another likes or dislikes you: Behaviors making the beliefs come true. *Journal of Personality and Social Psychology*, **51**, 284–290.

Dutton, D. G., & Aron, A. P.(1974). Some evidence for heightened sexual attraction under conditions of high anxiety. *Journal of Personality and Social Psychology*, **30**, 510–517.

Festinger, L., Schachter, S., & Back, K.(1950). *Social Pressures in Informal Groups: A Study of Human Factors in Housing*. Harper.

Fincham, F. D.(2001). Attributions in Close Relationships: From Balkanization to Integration. In G. J. O. Fletcher & M. S. Clark (Eds.), *Blackwell Handbook of Social Psychology: Interpersonal Processes* (pp.3–31). Blackwell.

Fincham, F. D., & Bradbury, T. N.(1993). Marital satisfaction, depression, and attributions: A longitudinal analysis. *Journal of Personality and Social Psychology*, **64**, 442–452.

Fowers, B. J., Lyons, E., Montel, K. H., & Shaked, N.(2001). Positive Illusions about marriage among married and single individuals. *Journal of Family Psychology*, **15**, 95–109.

Goel, S., Mason, W., & Watts, D. J.(2010). Real and perceived attitude agreement in social networks. *Journal of Personality and Social Psychology*, **99**, 611–621.

Gonzaga, G. C., Carter, S., & Buckwalter, J. G. (2010). Assortative mating, convergence, and satisfaction in married couples. *Personal Relationships*, **17**, 634–644.

Hatfield, E. (2007). Featured interview. *Human Behavior and Evolution Society E-Newsletter*, **104**, 1–10. Retrieved from http://www.elainehatfield.com/uploads/3/4/5/2/34523593/104._hatfield_2007.pdf (2022年10月20日閲覧)

Hitsch, G. J., Hortaçsu, A., & Ariely, D. (2010). What makes you click? Mate preferences in online dating. *Quantitative Marketing and Economics*, **8**, 393–427.

Kito, M., Yuki, M., & Thomson, R.(2017). Relational mobility and close relationships: A socioecological approach to explain cross-cultural differences. *Personal Relationships*, **24**, 114–130.

Kurzban, R., & Weeden, J.(2005). Hurry Date: Mate preferences in action. *Evolution and Human Behavior*, **26**, 227–244.

Miller, N., & Campbell, D. T.(1959). Recency and primacy in persuasion as a function of the timing of speeches and measurements. *Journal of Abnormal and Social Psychology*, **59**, 1–9.

Miller, P. J. E., Niehuis, S., & Huston, T. L.(2006). Positive illusions in marital relationships: A 13-Year longitudinal study. *Personality and Social Psychology Bulletin*, **32**, 1579–1594.

Montoya, R. M., Horton, R., & Kirchner, J.(2008). Is actual similarity for attraction? A meta-analysis of actual and perceived similarity. *Journal of Social and Personal Relationships*, **25**, 889–922.

Moreland, R. L., & Beach, S. R.(1992). Exposure effects in the classroom: The development of affinity among students. *Journal of Experimental Social Psychology*, **28**, 255–276.

Murray, S. L., Holmes, J. G., & Griffin, D. W.(1996). The benefits of positive illusions: Idealization and the construction of satisfaction in close relationships. *Journal of Personality and Social Psychology*, **70**, 79–98.

Murray, S. L., & Holmes, J. G.(1997). A leap of faith? Positive illusions in romantic relationships. *Personality and Social Psychology Bulletin*, **23**, 586–604.

Myers, D., Spencer, S., & Jordan, C.(2009). *Social Psychology*. McGraw-Hill Ryerson Higher Education.

Newcomb, T. M.(1961). *The Acquaintance Process*. Holt, Rinehart & Winston.

Schug, J., Yuki, M., Horikawa, H., & Takemura, K.(2009). Similarity attraction and actually selecting similar others: How cross-societal differences in relational mobility affect interpersonal similarity in Japan and the USA. *Asian Journal of Social Psychology*, **12**, 95–103.

Yuki, M., & Schug, J.(2012). Relational Mobility: A Socioecological Approach to Personal Relationships. In O. Gillath, G. Adams, & A. Kunkel (Eds.), *Relationship Science: Integrating Evolutionary, Neuroscience, and Sociocultural Approaches* (pp.137–151). American Psychological Association.

Walster, E., Aronson, V., Abrahams, D., & Rottman, L.(1966). Importance of physical attractiveness in dating behavior. *Journal of Personality and Social Psychology*, **4**, 508–516.

White, G. L., Fishbein, S., & Rutsein, J.(1981). Passionate love and misattribution of arousal. *Journal of Personality and Social Psychology*, **41**, 56–62.

Zajonc, R. B.(1968). Attitudinal effects of mere exposure. *Journal of Personality and Social Psychology*, **9**, 1–27.

「好き」はどのように生まれ、なぜ離れていくのか？ 第Ⅳ部

第10章 対人関係に関する理論

　私には、付き合って半年になる恋人がいる。付き合い始めの頃は、会うたびにドキドキしてはしゃいでいた。でも最近は、それほど胸が高鳴るわけではなく、一緒にいると安心して落ち着く。こんな感情は初めてだ。好きな人と一緒にいると、いつもドキドキしているのが恋愛だと思っていたけど、いろいろな愛の形があるのかもしれない。

#愛の種類 #愛の三角理論 #倦怠期カップル #熟年離婚

「なぜ友人はあの時お返しをしてくれなかったのか」、「友人カップルはな
ぜあれほど満足そうなのか」、「あの人はなぜ恋人と別れてしまったのだろ
うか」など、普段の生活の中でも、ほかの人の対人関係が気になったり、疑
問に思ったりなど、対人関係に関する話題は尽きません。これは私たちに
とって対人関係が重要な役割を果たしているため、高い関心をもっている
からだと考えられます。**第9章**でも触れた通り、社会心理学をはじめ、社
会科学の関連分野では、対人関係に関する様々な研究が行われてきまし
た。それでは、このテーマに関して、どのような理論が構築されてきたの
でしょうか。本章では、対人関係に関する理論、具体的には愛の種類や関
係解消を説明する理論について説明します。

❶ 社会的交換理論：対人関係における駆け引き

A. 対人関係から得る利益

　私たちは、新しい対人関係を形成するため、また既存の対人関係を維持
するために、少なからずコストを費やしています。同時に、その相手から
も、目に見える形／見えない形を問わず様々な利益を得ているでしょう。
「社会的交換理論（Social Exchange Theory）」（**第8章**，p.124）によると、私たち
は特定の行動から得られる利益とそれにかかるコストを比べて、その差（利
益－コスト）が最大化される行動をとります（Homans，1974）。対人関係の文
脈では、特定の対人関係の維持にかかるコストに対して得られる利益が多
いほど、その関係に満足し、留まるとされています（Thibaut & Kelley，1959）。
　そもそも私たちは、関係相手からどのような利益を得ているのでしょう
か。フォア（Foa，1971）は、対人関係において得られる利益を愛情、奉仕、
物品、金、情報と地位の6つに分類し、具体性と特定性という2つの側面に
よってそれらを配置しています（**図10-1**）。
　横軸の指標は、対人関係の相手から得る利益の具体性を表しています。
誕生日プレゼントなどの「物品」や、引っ越しの手伝いとして提供される「奉
仕」のように観察可能な利益は具体性が高く、「情報」や「地位」など受け手に
よる解釈が必要で、さらに、言語など何らかの手段によって提供されるも

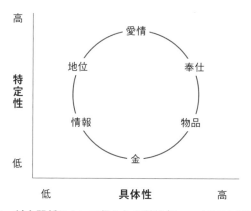

図10-1　対人関係において得られる利益（Foa，1971を基に作成）

のは具体性が低いということになります。次に縦軸の指標は、利益の提供者に関する特定性を表しています。「愛情」など、提供者が誰なのかで価値が変わる利益は特定性が高く、「金」のように提供者によって価値の変わりにくい利益は特定性が低いことを示しています。

B. 相互依存理論：利益を交換しあう対人関係

　社会的交換理論にもいくつかの理論が存在しますが、ここでは、対人関係の研究に最も強い影響を与えた「相互依存理論（Interdependence Theory）」（Thibaut & Kelley，1959）について説明します（**第8章**，p.123）。相互依存理論によると、対人関係において利益を享受できるのは、そもそも関係の相手が利益を提供しているからであり、相互に依存していると言えます。例えば、あなたが恋人から愛情を受けることができるのは、あなたの恋人が愛情をもってあなたに接しているためです。もし、恋人が愛情をもってあなたに接することを拒めば、あなたは恋人との関係から愛情という利益を享受できません。あなたの恋人があなたから享受している利益(e.g. 愛情)についても、同様のことが言えるでしょう。このように、対人関係においては、お互いに利益を与え合っており、二者それぞれが相互に依存しています。

C. 「お返し」までの時間

　こうした相互依存関係であっても、関係相手や関係の種類によって利益を提供したり返報したりするタイミングが異なります。相手に何かをしてもらった時、すぐに同程度の価値を返報する関係を「交換関係（Exchange Relationships）」と言います（Clark & Mills, 1993）。例えば、自分が欠席した授業のノートをクラスメートに見せてもらったら、代わりにご飯をおごってあげることがあるかもしれません。アルバイト仲間と出かけた時、自分が通るためにドアを開けておいてもらったら、次は自分がその人のために開けておいてあげるかもしれません。または、自分からは何も贈っていなかった遠い親戚からお中元が届いたら、お中元をお返しするでしょう。このように、何かをしてもらったらすぐにお返しをする、または、何かをしてあげたらすぐにお返しを期待する、という関係が交換関係です。交換関係では、相手との間に貸しや借りができることを嫌い、貸しや借りを作らないよう、関係に対するお互いの貢献度に常に注意を払っています。貸しができたら、すぐに相手からの返報を期待し、借りができたら、すぐに返報しなければならないと感じます。通常、交換関係となるのは、街中で会った見知らぬ他者同士や大学の授業でのみ会うような知り合い程度の関係です。

　一方、自分の好意や援助行動に対する見返りを求めずに、相手が困っていないかを気にかけているのが「共同関係（Communal Relationships）」です。例えば自分が欠席した授業のノートを見せてもらうという場合にも、相手が仲の良い友人であれば、すぐにお返しをしようとは思わず、後日、その友人が授業を休んだ時にノートを貸してあげるなど、次にその友人が困った時に助けてあげようと考えるでしょう。共同関係では相手が困っていること自体が手助けの理由です。好意や援助に対するお返しを期待しているわけではありません。相手からの即時の返報は「水くさい」と感じて嫌い、自分が困っている時に気づき援助してもらうことを期待しています。多くの夫婦関係や親友との関係は、共同関係です。

❷ 対人関係における満足感や継続を規定する要因

　私たちが対人関係を継続するか否かを検討する際には、複数の要因が関わっています。まず、関係相手との間で利益を授受するうえで、本節で解説する2種類の水準と現在置かれている関係とを比較しています。それぞれの水準を満たすことにより、関係に対する満足感や安定性を得ることが可能となります。それでは、それぞれの水準について、詳しく見ていきましょう。

A. 比較水準：関係相手から期待する利益量

　まず、あなたの友人や恋人など、身近な対人関係を思い浮かべてみてください。ここでは、家族などのように自分の選択によらない関係ではなく、自発的に形成や解消のできる関係の方がわかりやすいでしょう。さて、あなたは相手に何を求め、期待しているでしょうか。いつも優しく接してくれること、あなたが困った時に助けてくれること、もしくは、一緒にいて楽しいということかもしれません。このような関係相手に対する期待、または相手から得られると期待している利益量を「比較水準(Comparison Level)」と呼びます。

　それでは、あなたが今思い浮かべている相手との関係における比較水準と、実際の関係から得ている利益量とを比べてみましょう。その相手との関係は、あなたの期待を上回る素晴らしいものであるかもしれませんし、残念ながら、期待を満たしてくれるものではないかもしれません。前者のように、自分の抱いている期待（比較水準）と現在の関係から得ている利益を比較して、現在の関係が比較水準を上回っているようであれば、その関係に対するあなたの満足感は高いでしょう（**図10-2 A・C**）。一方で、現在の関係が比較水準に達していないようであれば、あまり満足しているとは言えないかもしれません（**図10-2 B・D**）。このように、比較水準と現在の関係とを比べた結果が、その関係における関係満足度を規定します。

A. 満足感・安定性の高い関係

B. 満足感が低く、安定性の高い関係

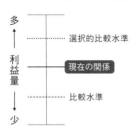

C. 満足感が高く、安定性の低い関係

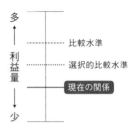

D. 満足感・安定性の低い関係

図10-2　相互依存理論に基づく対人関係の種類
（Miller，2012を基に作成）

B. 選択的比較水準：代替関係から期待される利益量

　次に、上記で思い浮かべた相手以外との関係からは、どのくらいの利益が得られると推測されるでしょうか。現在の関係を離れ、最善の代替関係から得られると予測される利益量を「選択的比較水準（Comparison Level for Alternatives）」と呼びます。現在の関係相手よりも魅力的な人が周囲にいない、つまり、選択的比較水準が低い場合には、関係を解消しにくいため、その関係は安定するでしょう（**図10-2 A・B**）。一方で、現在の恋人や友人よりも魅力的な人が周囲にいる場合には、現在の関係から得ている利益量よりも選択的比較水準の方が高く、関係が不安定になり、現在の関係を離れるかもしれません（**図10-2 C・D**）。このように、選択的比較水準と現在の関係から得ている利益量との比較は、関係の安定性、ひいては関係が継続するのか解消されるのかに影響を与えます。

　ここで重要なのは、比較水準、選択的比較水準と現在の関係との比較は

「好き」はどのように生まれ、なぜ離れていくのか？　第Ⅳ部

それぞれ独立しており、満足している関係が必ずしも安定しているとは限らない点です。例えば、**図10-2 C** で表された関係を想像してみてください。あなたは現在のパートナーから期待以上の利益を得ており、特に不満はないのにもかかわらず、そのパートナー以上に魅力的な人が現れたとします。相互依存理論によると、そのパートナーとの関係を解消した時にかかるコストなどすべてを考慮しても、新しい相手との関係へ移った方が良いとあなたが判断すれば、たとえ現在の関係に満足していたとしても、その関係を離れ、新しい関係へ移ると予測されます。反対に、現在の関係に満足していなくても、ほかに魅力的な人がいない場合には、その関係に留まるということもあるでしょう（**図10-2 B**）。

　このように、現在の関係から得ている利益量と比較水準との比較が関係に対する満足感に、選択的比較水準との比較が関係の安定性へとそれぞれ独立して影響を与えているのです。

C. 投資モデル：関係継続を予測する要因としての投資量

　アメリカの社会心理学者、ラズバルト（Rusbult, 1980）によると、現在の関係と比較水準との比較によって得られる満足感や、選択的比較水準との比較から生まれる安定性に加え、対人関係の継続に影響を与える要因がもう1つあるようです。

　関係が継続するにつれて、そのパートナーとともに過ごした時間が長くなり、一緒に出かけたりプレゼントを贈ったりするのに費やした（時間的・金銭的）コストが蓄積されていきます。このように、その関係の維持に対して費やし、関係が崩壊したら失われてしまうコストを「投資量（Investment Level）」と呼び、前述の相互依存理論に基づく各要因に加えて、関係へのコミットメントを予測する要因の1つとするのが「投資モデル（Investment Model）」（**図10-3**）です。

　投資モデルでは、まず、関係の安定性（継続）に直接影響する要因として「コミットメント（Commitment）」を挙げています。コミットメントとは、短期的にはその相手と関係を開始しようとする意志、長期的にはその関係を継続しようとする意志を指します。さらに、コミットメントを予測する要因として、以下の3つを挙げています。

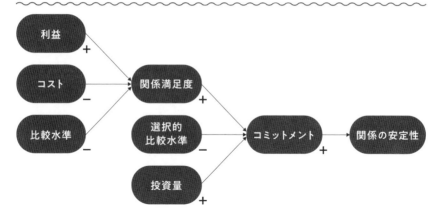

図10-3　投資モデル（Rusbult，1980を基に作成）

(1) その関係に対する満足度が高い
(2) 選択的比較水準が低い（代替関係から得られると予測される利益が少ない）
(3) これまでその関係に費やしてきた投資量が多い

　関係満足度は、さらに以下の3つの要因から予測されます。
(1) その関係から得られる利益が多い
(2) 関係を維持するために必要なコストが低い
(3) 比較水準（その関係に対する期待）が低い

　上記、関係満足度に関する要因 (3) に関しては、意外だと思われるかもしれません。しかし、期待が低い方が、現実の対人関係は期待以上となる可能性が高いため、関係満足度も高まるわけです。例えば、仲良くなれるかどうかあまり期待していなかったような相手と、その後よく一緒に出かけるなどして仲良くなり、相手との関係に当初の期待以上に満足した、というような経験がみなさんにもあるのではないでしょうか。

　交際中の大学生を対象とした縦断調査研究（Rusbult et al.，1998）では、交際相手以外に魅力的な他者が周囲にいないため選択的比較水準が低く、関係満足度、投資量、コミットメントが高いカップルほど、2〜5ヵ月後の追跡調査の際、関係が継続している可能性が高いことが示されています。

D. 投資モデルから考える「倦怠期カップル」と「熟年離婚」

ラズバルトの投資モデルを用いると、倦怠期のカップルがなぜ別れないのか、それとは逆に、長年連れ添った夫婦がなぜ熟年離婚しうるのか、についても考察することが可能です。

まず、倦怠期のカップルについてです。様々な定義がありますが、倦怠期とは関係に対する満足度が高くないにもかかわらず、何らかの理由で別れられず、関係が持続している状態と捉えることができます。この状態を、投資モデル（**図10-3**）によって考えてみましょう。倦怠期カップルは、コミットメントを予測する要因の1つである関係満足度が低い状態のまま関係が持続しているということであり、これはその関係に費やしてきた投資量が相当多く、ほかに魅力的な相手がいない（または1人になるよりは関係を続けていた方がマシ、つまり選択的比較水準が低い）状態であると考えられます。

次に、熟年離婚については、どうでしょうか。熟年離婚とは、これまでともに過ごした期間が長く、それに伴い関係に対する投資量が多いにもかかわらず、関係が解消された状態と捉えられます。**図10-3**を参考にすると、投資量以外の2つの要因が解消を促したと考えられます。つまり、その関係に対する満足度が相当低い、または選択的比較水準が高く、ほかにとても魅力的なパートナーが存在していた、あるいは該当するパートナーがいなくても、（満足度が低いまま関係を維持するよりは）1人になる方が良かった、ということになります。投資モデルは、このように対人関係の様々な状態を説明できる汎用性の高い理論なのです。

❸ 愛着理論：親子関係に基づく成人期の恋愛関係

私たちは、対人関係を形成することによってその相手と心理的な絆を形成します。この絆を「愛着（Attachment）」と呼びます。関係相手とどのような愛着を形成するのかについては、乳児期における親などの養育者との関係が基盤となっています。イギリスの精神科医であるボウルビー（Bowlby, 1969, 1973, 1980）は、乳児とその養育者との関係を観察し、乳児が泣いて要求を訴えた時の養育者の反応によって、自己と他者に対する期待感を形成

	乳児期における 養育者との関係	成人期における 恋愛関係・夫婦関係
愛着形成	愛着形成は、養育者の感受性や養育者に対する応答性認知に基づく	ロマンティックな愛を感じると、パートナーの関心や互恵性を強く求める
安全基地	養育者の存在が安全基地となり、安心して周囲の環境や新しい情報などに対する探索行動をとることができる	パートナーからの互恵性により、新しい環境においても自信をもつことができ、安心する
近接性の維持	身体的接触や笑顔・視線などによって、養育者との近接性を求め、維持する	身体的接触や笑顔・視線などによって、パートナーに対する愛を表現する
安全な避難場所	不安やストレスを感じた時、養育者との身体的接触を求め、安心を得ようとする	不安やストレスを感じた時、パートナーに身体的接触や慰めを求め、安心を得ようとする
分離苦悩	養育者と離されると、泣くなどの抵抗をし、養育者を探し求め、再会できないと絶望を感じる	パートナーと離れると、泣くなどの抵抗をし、再会できないと深い悲しみに陥る

するという「愛着理論（Attachment Theory）」を提唱しました。さらに、ハザンら（Hazan & Shaver, 1987）は、養育者との関係において観察された乳児の行動と、成人期における恋愛・夫婦関係において観察される行動との共通点に着目し、愛着理論を成人の恋愛関係に拡張しました。主な共通点は**表10-1**の通りです（Shaver & Hazan, 1988; Shaver et al., 1988）。

　乳児期に養育者との関係によって形成された、自己や他者に対する期待感は「内的作業モデル（Internal Working Model）」と呼ばれ、成人期の恋愛関係や夫婦関係にも影響することが示されています。例えば、養育者によっては、乳児が泣いていても反応にばらつきがあり（優しく反応してくれることもあれば、無反応もしくは反応に時間がかかることもあるなど）、乳児のやりたいことを邪魔してしまうことがあります。このような養育者に育てられると、乳児は自分の価値を疑い、自己に対して高い期待を抱くことができず、成人してからも対人関係において不安を感じ、関係相手から見捨てられるかもしれないという「関係不安（Anxiety）」を感じます。一方、乳児期に泣い

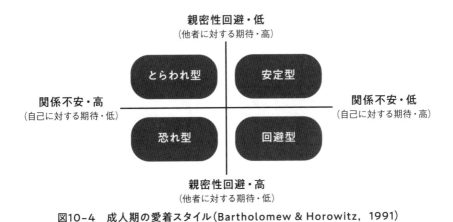

図10-4　成人期の愛着スタイル（Bartholomew & Horowitz, 1991）

ていても養育者が反応せず、身体的接触を拒否されるなど、自分の欲求が常に満たされない場合には、他者に対する期待が低く、成人期には他者を信頼したり他者に依存したりすることを避けるなど、「親密性回避（Avoidance）」が高くなります。

　関係不安（自己に対する期待）と親密性回避（他者に対する期待）の高低によって、**図10-4**および**表10-2**に示された4つの愛着スタイルに分類されます。

　ハザンら（Hazan & Shaver, 1987）が、愛着理論を成人期に拡張して以降、恋愛・夫婦関係における愛着スタイルに関する研究が数多く行われてきました。例えば、関係不安および親密性回避が低く、安定型の人ほど、恋愛関係においてポジティブ感情を経験しやすく、関係不安や親密性回避が高い恐れ型の人ほど、怒りや悲しみ、不安などのネガティブな感情を経験しやすいことが示されています（Feeney, 1995）。愛着スタイルは、自分の感情だけでなく、パートナーの感情とも関連しており、関係不安および親密性回避の高い恋人や配偶者をもつ人も、ネガティブな感情を経験しやすい傾向があります（Feeney, 1999）。さらに、愛着スタイルは、恋愛・夫婦関係の良好さや継続期間とも関連があり、一般的に、安定型の人ほど恋愛関係に対する満足感が高く（e.g. Simpson, 1990; Stackert & Burisik, 2003）、関係がより長く継続することが示されています（Hazan & Shaver, 1987）。

表10-2 愛着スタイルの4類型（Bartholomew & Horowitz, 1991）

①安定型	自分には愛される価値があると認知しており、他者は一般的に自分のことを受容してくれ、ニーズに対して応答してくれると期待している。対人関係において不安を感じることが少なく、親密な対人関係の形成に心地よさを感じる。
②とらわれ型	自分には愛される価値がないと思い込む一方で、他者に対する期待は高い。他者に受け入れられることによって、自己価値を高めようとするが、相手から拒絶されるのではないかという関係不安が高い。
③回避型	自分には愛される価値があると認知しているが、他者は信頼できないと認知している。他者に依存する必要性を感じず、傷つけられるのを避けるため、他者と親密になること自体を回避する。
④恐れ型	自分には愛される価値がないと思い込み、他者も信頼できず、拒絶されると思っている。相手から見捨てられたり、拒絶されたりする不安が強いため、他者と親密になることを避ける。

　このように乳児期に養育者との間で形成され、成人期の対人関係のベースとなる愛着スタイルですが、いったん形成されたものが、その後、全く変化しないわけではありません。12ヶ月児60名の母親との愛着スタイルを観察した研究（Waters et al., 2000）では、その乳児が20～21歳になるまで追跡し、成人期における愛着スタイルを分類しました。その結果、調査参加者の64％において、乳児期と成人期とで一貫した愛着スタイルが観察されたものの、残りの36％の参加者では、乳児期から成人期にかけて、愛着スタイルが変化していました。さらに、母親がネガティブなライフイベントを経験している場合ほど、その子どもの愛着スタイルは成人期にかけて変化が見られやすいことも示されました。

　愛着スタイルは、対象となる関係相手によっても異なります。2万3,000人以上のアメリカ人成人を対象にした調査（Fraley et al., 2011）において、母親、父親、恋人・配偶者、友人のそれぞれに対する関係不安および親密性回避の程度を尋ねました。その結果、例えば、母親に対する関係不安は、恋人・配偶者（$r=.24$）および友人（$r=.29$）に対する関係不安との間に弱い相関しか見られませんでした（相関係数の解釈については、p.13参照）。親密性回避についても、同様の結果です。

　つまり、愛着は、乳児期に母親などの養育者との関係において基盤が形

成され、その後、母親に対する愛着は成人期まで変化しないことが多いと言えますが、本人が様々なライフイベントを経験することによって変化することもあり、さらには、関係相手によって異なる愛着スタイルを形成すると言えるでしょう。

❹ 愛の三角理論

A. 愛を形作るもの

本章冒頭の事例で主人公が恋人との関係において感じているように、同じ「愛」にも様々な形があり、恋愛関係や夫婦関係に限定されるものではありません。愛に関する代表的な理論として、アメリカの心理学者スタンバーグ（Sternberg, 1986）による愛の三角理論が挙げられます。この理論によると、愛とは、「親密性（Intimacy）」、「情熱（Passion）」、「コミットメント（Commitment）」という3つの要素から構成されると考えられています（**図10-5**）。

(1) 親密性：相手と緊密に結びついているという感覚。温かさの経験を引き起こす。主に、その関係に対する情緒的な投資から引き起こされる。

(2) 情熱：ロマンスや身体的魅力、性的関係の達成につながる衝動。動機づけや興奮（アラウザル）の源となりうる。主に、自ら進んで相手と関わろうとする気持ちから引き起こされる。

(3) コミットメント：短期的には特定の相手を愛するという決心。長期的

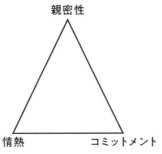

図10-5　愛の三角理論（Sternberg, 1986）

表10-3　愛の三角理論における愛の種類
（Sternberg, 1986；スタンバーグ＆ヴァイス, 2009を基に作成）

	親密性	情熱	コミットメント
愛ではない状態 （Non-Love）	×	×	×
好意 （Liking）	○	×	×
のぼせあがりの愛 （Infatuated Love）	×	○	×
空虚な愛 （Empty Love）	×	×	○
ロマンティックな愛 （Romantic Love）	○	○	×
友愛 （Companionate Love）	○	×	○
愚鈍な愛 （Fatuous Love）	×	○	○
完全な愛 （Consummate Love）	○	○	○

○＝その要素が存在する　×＝その要素が存在しない

には、特定の関係を維持しようという決意。主に、関係に対する認知的な決定から引き起こされる。

　愛の三角理論に基づいて考えると、冒頭の事例で主人公が恋人に対して以前に感じていたという「ドキドキ」や「胸の高鳴り」は情熱を、現在の「安心感」は親密性をそれぞれ表していると言えるでしょう。

　さて、スタンバーグが彼の理論を三角理論と名づけたのは、単に愛の構成要素が3つだから、というだけではありません。**図10-5**のような3つの要素を頂点とする三角形とみなすことにより、それぞれの要素の程度によって、異なる愛の種類が成り立つと考えたためです（**表10-3**）。例えば、本章冒頭の事例において、主人公が恋人に対して現在感じている情熱は低く、親密性は高いと言えます。コミットメントについては、はっきりと読み取

れませんが、高い場合にはその愛の種類は「友愛（Companionate Love）」、低い場合には「好意（Liking）」に分類されます。

　これらの愛の種類を用いることにより、恋愛関係や夫婦関係に限らず、様々な相手との関係を1つの理論によって説明することが可能になりました。ただし、それぞれの構成要素は**表10-3**に示されたように「あり・なし」の二択ではなく、程度の差であり連続的なものであるため、多くの対人関係は表内にある複数の愛の種類の間に位置することになります。

B. 時間の経過による愛の形の変化

　本章冒頭の事例で主人公も経験しているように、愛の三角理論における3つの要素の程度は、関係開始から時間が経つにつれて変化します。事例では、恋人に対して交際初期に感じていた情熱が、交際を続けることにより低下し、それに伴い親密性が上昇しています。スタンバーグ（Sternberg, 1986）も、愛の三角理論の各要素の時系列的変化について、**図10-6**のように説明しています。

　まず、情熱は相手に惹かれた瞬間から経験されることが多く、すぐに上昇し、ピークを迎えます。相手との関係に慣れてくると、情熱は低下して

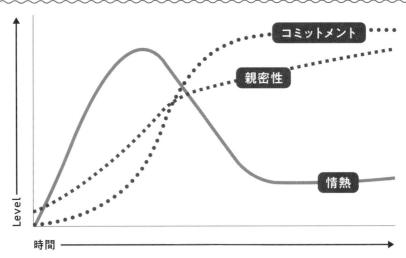

図10-6　愛の三角形理論の時系列的変化（Sternberg，1986を基に作成）

いきます。次に、親密性は情熱に比べ上昇する速度が遅いです。関係の初期段階では、お互いについて知らない側面もあり、相手の行動や考えなどに関する予測が難しいため、不確実性が高い状況です。一緒に時間を過ごし、お互いのことを知るにつれて、次第に相手との絆を感じるようになり、親密性が高まります。3つ目のコミットメントは、相手と知り合ってから関係初期の段階では非常にゆっくりと上昇し、その後加速していきます。

　実際の対人関係においては、個人要因や相手との出会い方（友情から発展した恋愛関係 vs. 一目ぼれから始まった恋愛関係、など）、それぞれの関係特有の出来事（遠距離恋愛や喧嘩など）による影響なども考えられます。しかし、親密性・情熱・コミットメントの時系列的変化を一般化し、**表10-3**の愛の種類と結びつけて考えることにより、特定の相手との関係においても、様々な「愛の形」に変化することがわかるでしょう。

　では、実際に、友人から片思いを経て、恋愛関係に発展する際、親密性、情熱、コミットメントにはどのような変化が見られるのでしょうか。金政・大坊（2003）は日本人大学生を対象に、最も親しい異性に対して感じている親密性、情熱、コミットメントの程度を調査しました。その結果、すべて

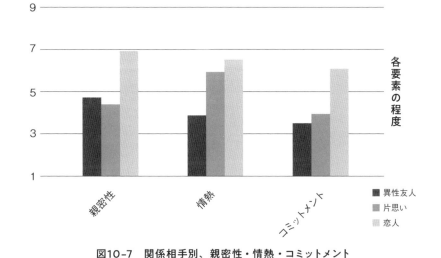

図10-7　関係相手別、親密性・情熱・コミットメント
（金政・大坊，2003を基に作成）

の要素について、異性友人よりも恋人の方が高いことが示されました（**図10-7**）。

　さらに、片思いの相手に対しては、恋人と同程度の高い情熱を感じているものの、親密性とコミットメントに関しては、恋人よりも低く、異性友人と同程度でした。つまり、相手に魅力を感じ、片思いをした段階で情熱を感じ始め、親密性やコミットメントはその後、恋愛関係に発展した段階において高まると言えそうです。

❺ まとめ：愛の種類や関係解消を説明する理論

　本章では、対人関係に関する5つの理論を学びました。まず、**(1) 社会的交換理論**によると、対人関係を維持するコストとそこから得られる利益とを比較し、利益が上回る場合に関係が維持されます。社会的交換理論に分類される **(2) 相互依存理論**では、関係相手に対する期待および代替他者に対する期待と現在の関係を比べ、現在の関係が期待を上回っているほど、満足度が高く、関係が安定するとされています。**(3) 投資モデル**は、相互依存理論を拡張し、関係満足度と代替関係の質に加えて、関係に対する投資量が、関係継続に直接関連するコミットメントを予測することを示しています。

　これらの理論によって説明可能な対人関係の状態について、そのいくつかを紹介してきました。相手との関係に満足していないにもかかわらず関係に留まっている倦怠期のカップル、反対に周りからはその関係に満足しているように見えている長年連れ添った夫婦が別れてしまう熟年離婚など、投資モデルによって解釈が可能です。ほかにも、「なぜあの関係は続いているのか」「なぜあの2人は別れたのか」という日常でも感じる疑問に対して、投資モデルや相互依存理論によって解釈してみると、対人関係が少し違って見えてくるかもしれません。

　また、私たちが生後初めて築く対人関係は、親などの養育者との関係でしょう。**(4) 愛着理論**によると、乳児期、特に生後6ヶ月の間に養育者との間に形成された愛着が、成人後の対人関係の基盤となっています。関係不

安や親密性回避が低い安定型の愛着スタイルをもつ人ほど、恋愛関係や夫婦関係が良好な傾向にあります。ただし、愛着スタイルは関係相手やライフイベントの経験によっても変化するため、乳児期の養育者との間の愛着スタイルが安定型でなくても、成人後に心を許し、「安全基地」や「安全な避難場所」となってくれるパートナーに出会うことによって、安定型へと変化させ、良好な関係を形成することは可能であると言えるでしょう。

そして、「様々な愛の形」を理論化したものの1つが、**(5) 愛の三角理論**です。親密性、情熱、コミットメントの程度によって、異なる愛の形を表しています。これらの要素を感じる程度は、その関係相手と出会ってから時間とともに変化します。本章の冒頭事例のように、関係当初の「ドキドキ感」がなくなるのは、愛を構成する3要素のうちの1つ、情熱が低下しているからです。次の関係段階に進展し、親密性が高まる時期であることを表しています。相手と一緒にいてもドキドキしなくなったからといって関係を解消してしまうと、いつまでも安定した関係を築くことができないかもしれません。残念ながら、情熱は多くの場合、時間の経過に伴って低下します。あなた自身が対人関係に不安を覚えた時には、本章で学んだ愛の三角理論を応用して、科学で愛の形を分析してみてはいかがでしょうか？ これまでとは違った関係を構築できるかもしれません。

愛の三角理論に関しては、文化差も報告されています。詳しくは、**第13章**(p.242)を参照してください。

第10章で学んだキーワード

社会的交換理論、相互依存理論、比較水準、選択的比較水準、投資量、投資モデル、コミットメント、愛着、愛着理論、内的作業モデル、関係不安、親密性回避、親密性、情熱

📖 参考文献

Bartholomew, K., & Horowitz, L. M. (1991). Attachment styles among young adults: A test of a four-category model. *Journal of Personality and Social Psychology*, **61**, 226–244.

Bowlby, J. (1969). *Attachment and Loss: Vol. 1. Attachment*. Basic Books.

Bowlby, J. (1973). *Attachment and Loss: Vol. 2. Separation*. Basic Books.

Bowlby, J. (1980). *Attachment and Loss: Vol. 3. Loss*. Basic Books.

Clark, M. S., & Mills, J. (1993). The difference between communal and exchange relationships: What it is and is not. *Personality and Social Psychology Bulletin*, **19**, 684–691.

Feeney, J. A. (1995). Adult attachment and emotional control. *Personal Relationships*, **2**, 143–159.

Feeney, J. A. (1999). Adult attachment, emotional control, and marital satisfaction. *Personal Relationships*, **6**, 169–185.

Foa, U. G. (1971). Interpersonal and economic resources. *Science*, **171**, 345–351.

Fraley, R. C., Heffernan, M. E., Vicary, A. M., & Brumbaugh, C. C. (2011). The experiences in close relationships-relationship structures questionnaire: A method for assessing attachment orientations across relationships. *Psychological Assessment*, **23**, 615–625.

Hazan, C., & Shaver, P. R. (1987). Romantic love conceptualized as an attachment process. *Journal of Personality and Social Psychology*, **52**, 511–524.

Homans, G. C. (1974). *Social Behavior: Its Elementary Forms (Revised Ed.)*. Harcourt, Brace & World.

金政祐司・大坊郁夫 (2003). 愛情の三角理論における3つの要素と親密な異性関係　感情心理学研究, **10**, 11–24.

Mikulincer, M., & Shaver, P. R. (2012). Attachment Theory Expanded: A Behavioral Systems Approach. In K. Deaux & M. Snyder (Eds.), *The Oxford Handbook of Personality and Social Psychology* (pp.467–492). Oxford University Press.

Miller, R. S. (2012). *Intimate Relationships* (6th ed.). McGraw-Hill Education.

Rusbult, C. E. (1980). Commitment and satisfaction in romantic associations: A test of the Investment Model. *Journal of Experimental Social Psychology*, **16**, 172–186.

Rusbult, C. E., Martz, J. M., & Agnew, C. R. (1998). The investment model scale: Measuring commitment level, satisfaction level, quality of alternatives, and investment size. *Personal Relationships*, **5**, 357–391.

Shaver, P. R., & Hazan, C. (1988). A biased overview of the study of love. *Journal of Social and Personal Relationships*, **5**, 473–501.

Shaver, P. R., Hazan, C., & Bradshaw, D. (1988). Love as Attachment: The Integration of Three

Behavioral Systems. In R. J. Sternberg, & M. L. Barnes (Eds.), *The Psychology of Love* (pp.68–99). Yale University Press.

Simpson, J. A. (1990). Influence of attachment styles on romantic relationships. *Journal of Personality and Social Psychology*, **59**, 971–980.

Stackert, R. A., & Bursik, K. (2003). Why am I unsatisfied? Adult attachment style, gendered irrational relationship beliefs, and young adult romantic relationship satisfaction. *Personality and Individual Differences*, **34**, 1419–1429.

Sternberg, R. J. (1986). A triangular theory of love. *Psychological Review*, **93**, 119–135.

スタンバーグ，R. J.，& ヴァイス，K. 和田実・増田匡裕(訳)(2009). 愛の心理学　北大路書房.

Thibaut, J. W., & Kelley, H. H. (1959). *The Social Psychology of Groups*. Wiley.

Waters, E., Merrick, S., Treboux, D., Crowell, J., & Albersheim, L., (2000). Attachment security in infancy and early adulthood: A twenty-year longitudinal study. *Child Development*, **71**, 684–689.

「好き」はどのように生まれ、なぜ離れていくのか？　第IV部

第 V 部

「場の空気」が
作られる時

第11章 集団過程
―人の行動を左右する他者の存在

今日のトップニュースは、大学生が急性アルコール中毒で亡くなった事件についてだ。事件はサークルの打ち上げで起きたらしい。私の所属しているテニスサークルでも、練習の後は飲み会になることが多い。ゲームの一部として一気飲みをしていたら、周りの雰囲気に流されて確かに断りづらい。でも、自分の命を守るためには、断る勇気も必要だと改めて感じた。

#同調圧力 #空気を読む #服従実験 #予言の自己成就

あなたがサークルや友人グループなど大勢の仲間と一緒にいる時と、一人でいる時とで、行動に違いは見られるでしょうか。また、周りに人がいるだけで、個人のパフォーマンスが変化することはないでしょうか。本章では、他者の存在が個人の行動、特に成績やパフォーマンス、意思決定に与える影響について、説明します。

❶ 社会的手抜き：集団作業における他人任せ

　ある授業で5人ずつグループに分かれ、課題を行うことになったとします。課題の成果は、グループごとに評価が行われ、個人の努力量や成績は特に考慮されません。また、課題はそれほど難しいものではありません。この課題に対して、あなたはどの程度の努力をするでしょうか。同じ課題があなた一人に対して出された場合と比較して、努力量に違いがあるでしょうか。

　上記の状況を思い浮かべた時、聞き覚えがあると感じた読者もいるかもしれません。古典的な実験として、**第2章** (p.21) で取り上げた、「社会的手抜き（Social Loafing）」という現象です。社会的手抜きは、①行為者にとって**簡単（単純）な課題・作業**であり、②**個人の努力量や成績が評価されない**場合に起きやすく、個人の時に比べて、集団の時に努力量が低下します。

　学校生活では、合唱コンクールや体育大会での綱引きなど、クラスメートや仲間と一緒に活動した経験が多くあったことでしょう。例えば、合唱の練習をしている途中で、個別に各自のパートを歌ってみて、メロディや声量を確認したことがあったかもしれません。その後、全体で合わせて歌った時、各個人の声量から予想したよりも声が小さくなるということがよく起きます。これも社会的手抜きの事例の1つと言えるでしょう。

　第2章で学んだ通り、「社会的手抜き」を提唱したリンゲルマン（Ringelmann, M.）は、個人で作業を行った時と、集団で作業を行った時とを比較し、一緒に作業を行う人数が増えるほど、個人の努力量が低下することを発見しました。リンゲルマンの研究で用いられた具体的な課題内容や研究方法については、綱引きを行う実験であった、農具で荷物を移動する様子の観

察研究（またはフィールド研究）であった、など議論があるようです（Kravitz & Martin, 1986）。リンゲルマンの実験において、作業人数と個人のパフォーマンスについて報告された結果を**図11-1**にまとめました。1人で作業した時の作業量を100％とすると、4人で作業した時には1人の時の77％、8人になると49％と、一緒に作業する人数が増えるにつれて、1人あたりの作業量が減少していることがわかります。

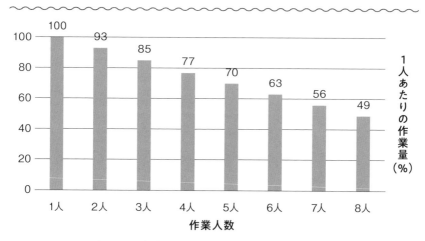

図11-1　作業人数と1人あたりの作業量との関連
（Kravitz & Martin, 1986を基に作成）

　リンゲルマンの実験結果が報告され、社会心理学の古典的研究としてみなされて以来、社会的手抜きについて、数多くの研究が行われてきました。同一テーマについて複数の研究が行われた際、その結果や効果について包括的に検討を行うのが、**第1章**で説明した「メタ分析（Meta-Analysis）」と呼ばれる研究手法です（p.18）。カラウら（Karau & Williams, 1993）は、1991年までに実施された社会的手抜きに関する78の研究データを再分析し、社会的手抜きに陥りやすい個人特性や、影響を与える状況要因について検討しました。その結果、様々な要因の中でも、以下の4つが社会的手抜きを引き起こしやすいことが示されました。

(1) 集団における作業において、個人に対する評価が行われる可能性が低い課題

(2) 一緒に作業している他者が、良いパフォーマンスや成績を修めるだろうという期待が高い状況

(3) 価値や意義を感じない課題に取り組んでいる状況

(4) 日本、中国、台湾などアジアの文化圏ではなく、アメリカやカナダといった北米の文化圏において行われた課題

　社会的手抜きが起きやすい課題の性質や状況が明らかになれば、それを抑制することも可能です。例えば、**(1)** 個人評価の可能性については、グループ課題であっても、最終的に個別に評価を行うことを課題設定時に明言すれば、努力量の低下を防ぐことが可能でしょう。**(2)** 他者のパフォーマンス予測に関しては、自分よりも頑張ってくれる他者、またはできの良い他者と課題を行うと社会的手抜きが起きるので、努力量や成績に応じてグループ分けを行えば、各自が努力すると考えられます。**(3)** 課題の価値や意義については、課題内容を変更することが可能であれば、課題に取り組む行為者にとって、できるだけ価値のある内容にすることで社会的手抜きを制御できるでしょう。一方、課題自体を直接変更できない場合(授業などで出された課題にグループで取り組む場合など)は、行為者が課題に取り組むことで得られる知識や利益などを考え、課題遂行が行為者にとって意義のあることだと捉えられるようにするなど、課題そのものに対する認知を変えることが重要であると言えます。

❷ 他者の存在によるパフォーマンスの変化

A. 社会的促進：他者がいるとパフォーマンスが向上する

　上記のように、集団で作業をすると努力量が低下するのであれば、他者の存在があるからこそ、より努力するといったことは起きないのでしょうか。読者のみなさんの中にも、例えば、ほかの人に見られている方が努力できる、作業がはかどるといった経験のある人がいるかもしれません。

　これは、誰かが側にいることで、より努力してパフォーマンスが上がる「社会的促進(Social Facilitation)」と呼ばれる現象です。社会的促進は①行為

者にとって**簡単（単純）な課題・作業**であり、②**個人の努力量や成績が評価される**場合に起きやすく、個人の時よりも、他者がいる時の方がより努力し、パフォーマンスが上がります。例えば、陸上選手が1人でタイムを計るよりも、ほかの選手と一緒に走った時の方が、速く走ることができる、というのも社会的促進の事例の1つです。

　社会的促進の古典的な実験は、トリプレット（Triplett, 1898）の糸巻き実験です（p.19）。実験では、8〜17歳の40人の子どもが、釣り糸のリール巻きをできるだけ速く行うよう教示されます。実験に参加した子どもたちは、糸巻き課題を1人で行う場合と、隣でもう1人の参加者が同じ課題を行う場合とを繰り返し、計6トライアル行いました。その結果、半数の参加者が、1人の時よりも他者が同じ課題をしている状況において、より短時間で糸を巻ききることができました。つまり、社会的促進が起きていたのです。

　このトリプレットの実験以降、社会的促進に関する数多くの実験が行われてきました。それらの結果を包括的に検討するため、ボンドら（Bond & Titus, 1983）は、社会的促進に関する241の研究結果を用いてメタ分析（p.18）を行いました。全体としては社会的促進が見られたのですが、実はその効果は予想よりも弱いものでした。また、社会的促進の効果が見られた研究の方が学術論文として発表されやすく、効果の見られなかった研究が発表されにくいという出版バイアス（Publication Bias）の可能性が示唆されているため、社会的促進の起きやすさに関しては研究結果の解釈に注意が必要です。

B. 社会的抑制：他者がいるとパフォーマンスが低下する

　一方、社会的促進とは反対に、個別の評価がなされる状況でも、周りで他者が見ていることによって、パフォーマンスが下がることがあります。これは、「社会的抑制（Social Inhibition）」と呼ばれ、①行為者にとって**難しい（複雑な）課題・作業**であり、②**個人の努力量や成績が評価される**場合に起きます。みなさんの中にも、準備や練習が十分にできないままプレゼンテーションや発表の本番を迎えた時、一人で練習していた時よりもうまくいかなかったという経験のある人がいるかもしれません。これは、準備・練習不足によって、プレゼンテーションや発表という課題が、みなさんにとっ

て難しい課題となったためです。

　実は、トリプレット（Triplett, 1898）の実験でも、全体の25%の参加者は、1人で糸巻き課題を行った時よりも、もう1人の参加者と一緒に行った時の方が、より遅くなっていました。つまり、同じ課題であっても、社会的促進とは逆の現象である社会的抑制が起きていたのです。トリプレットは、社会的抑制が起きた子どもたちは、勝ちたいという願望が強く、もう1人の参加者の存在によって身体がこわばり、自由に手首を使えなかったことを理由として挙げています。こうした反応は、特に年齢が低い子どもたちにおいて、よく見られるようです。このような子どもたちにとっては、糸巻き課題が比較的難しい課題であると感じられたため、他者の存在がパフォーマンスを低下させたと言えるでしょう。

　前述のメタ分析（Bond & Titus, 1983）でも、複雑な課題においては、他者の存在によって課題における正確性と作業スピードが低下することが示されています。また、他者が周りにいる状況で複雑な課題に取り組んでいると、1人の時よりも発汗や心拍数の上昇などの身体的反応が起きるため、パフォーマンスが低下するようです。

C.「社会的促進 or 社会的抑制」の分かれ道

　同じ課題であっても、課題の難易度によって社会的促進と社会的抑制のどちらが起きるのかが変わります。例えば、ハントら（Hunt & Hillery, 1973）の実験では、参加者が単純な迷路と複雑な迷路にそれぞれ取り組みました。その結果、単純な迷路では、1人で課題を行う条件に比べ、ほかの参加者と一緒に課題を行う条件の方が、間違いの回数が少なく、社会的促進が見られました（**図11-2**）。一方、複雑な迷路では、全体的に単純な迷路よりも間違いが多く、1人で課題を行う条件に比べ、他者と一緒に課題を行う条件の方がさらに間違いの回数が多く、社会的抑制が起きていました。

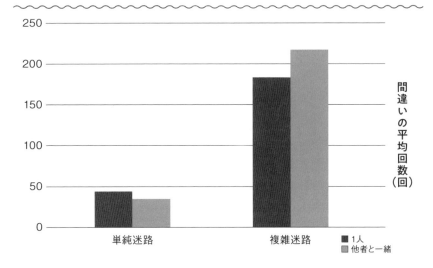

図11-2　迷路課題における間違いの平均回数
（Hunt & Hillery, 1973を基に作成）

　同じ課題の難易度が、行為者によって異なることもあるでしょう。社会的促進と社会的抑制のどちらが起きるのかは、行為者にとっての難易度に規定されます。マイケルズら（Michaels et al., 1982）の実験では、ペアでビリヤードをしている男性のショット成功率をもとに、社会的促進と社会的抑制について検討しました。まず、ビリヤード場にて、観察していることがプレーヤーにバレないよう、ショットの成功率を記録しました（観察者なし条件）。その成功率をもとに平均よりも成功率が高いペアと低いペアを本実験用の研究対象としました。研究者4人がビリヤード台の近くでプレイを観察し（観察者あり条件）、研究者の観察前後でショットの成功率を比較しました。その結果、ショットの上手なプレーヤーは、事前の観察で71％だった成功率が80％に向上しました（**図11-3**）。一方、ショットの下手なプレーヤーでは、事前に36％だった成功率が25％に低下しました。つまり、ビリヤードのショットという同じ課題であっても、それが行為者にとって簡単か難しいかによって、他者の存在が行為者のパフォーマンスへ与える影響が異なるのです。

　では、なぜ他者の存在がパフォーマンスを促進したり抑制したりするの

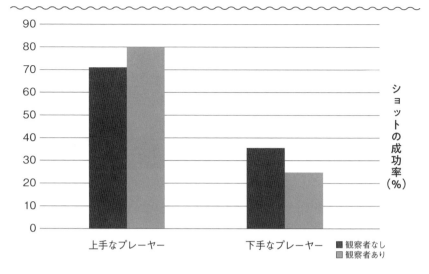

図11-3　ビリヤード実験におけるショットの成功率
（Michaels et al., 1982を基に作成）

でしょうか。これには、いくつかの解釈がなされています。まず、ザイアンス（Zajonc, 1965）は、他者の存在によって、アドレナリンなどが分泌され、血圧や脈拍が上昇するなど、身体が興奮状態となるため、自分にとって優勢な反応が出やすくなると考えました（p.20）。

　さらに、コットレル（Cottrell, 1972）は、他者の存在による生理的喚起だけでなく、その他者からの評価に対する懸念がパフォーマンスに影響すると主張しました。この解釈と一貫した研究結果も見られています。公園でジョギングをしている人を観察した研究では、ジョギングコースの方向を向いて座っている女性の前を通る条件では、1人で走っている条件よりも速く走っていたのに対し、女性がジョギングコースと反対方向を向いている条件では、1人で走っている条件とスピードに違いは見られませんでした（Worringham & Messick, 1983）。つまり、他者の存在のみではパフォーマンスは変化せず、他者が行為者を見ていて、さらに評価している可能性がある場合にのみ、社会的促進が起きていたということです。

　また、サンダース（Sanders, 1981）は、他者の存在によって行為者の注意が課題と他者との間で分散するため、興奮状態が起きるのだと主張してい

ます。そのため、複雑な課題ではパフォーマンスが低下し、単純な課題では注意の分散によるパフォーマンス低下を意識して、それを克服しようと普段以上に努力するため、パフォーマンスが促進されるとしています。実際、単純な課題の場合には課題の途中で光などによって注意をそらしても、社会的促進が起きることが示されています。

❸ 同調：私たちが「空気を読む」理由

普段の生活の中で、特に他者の影響を受けていると感じるのは、ほかの人の意見に合わせて自分の意見や行動を変える時かもしれません。これは「同調（Conformity）」と呼ばれ、2つの影響過程があります。

A. 情報的影響：正解がわからないから、周りに合わせる

同調を引き起こす1つ目の影響過程は、課題に対する正解や適切な行動が不明確かつあいまいな状況で、「正しく」「適切に」行動するために他者に従う「情報的影響（Informational Influence）」です。解答や行動を合わせているだけでなく、（他者の行動に従った）自身の解答や行動を正しいと考えています。これを私的受容と言います。

例えば、あなたが好きなアーティストのライブに行くことになったとします。最寄駅から会場への道順がわからず、辺りを見まわしていると、そのアーティストのグッズをもった人たちがある方向へ向かって歩いていくのが見えました。この状況では、その人たちについていくという人も多いのではないでしょうか。道順がわからない中、正しい道順で会場へ向かうためにほかの人の行動に従っているので、ここでの同調は情報的影響によるものだと言えます。

同様に、2020年はじめ、新型コロナウイルスの感染が世界的に拡大した時、感染予防に必要なマスクやアルコール消毒剤のみならず、トイレットペーパーやティッシュペーパー、店によっては、紙おむつや生理用品までもが店頭からなくなりました。今後、品薄になるかどうかの確証がもてない時には「ほかの人が買いだめをしているのであれば、自分も買い足した方

が良いのかもしれない」と考え、ほかの人の行動に従い、あなたもトイレットペーパーを買いに行くかもしれません。これも情報的影響を受けていると言えるでしょう。

　トイレットペーパーなど紙製品の品薄状態は、SNSにおけるデマが発端であるという報道もされました。デマであっても、「品薄で買えなくなるかもしれない」という情報が人々の行動に影響を与えています。今後購入できなくなるかもしれないという一人ひとりの信念が、多くの人の購買行動につながり、実際に品薄になってしまうという、予言の自己成就(p.48)を引き起こしているのです。

　情報的影響についての研究は、**第2章**(p.23)で紹介したシェリフ(Sherif, M.)の同調実験が有名です。実際には動いていない光点の移動距離を問う実験で、暗闇の中で光が動いているように見える認知バイアスを利用しているため、正解はどの参加者にとっても明らかではありません。しかし、実験参加者たちは正しい解答をしようと、実験に一緒に参加したほかの人の解答に合わせようとします。これは、情報的影響による同調であると言えます。

B. 規範的影響
：周りがやるから、間違っているとわかっていても自分もやる

　同調におけるもう1つの影響過程は、正解やとるべき適切な行動がわかっているにもかかわらず、ほかの人がそれとは異なる行動をとっている場合、他者や集団からの期待に応えて受け入れてもらうために周囲の行動に従う「規範的影響(Normative Influence)」です。

　学校生活において見られる規範的影響の1つの事例は、いじめでしょう。いじめに加担する多くの加害者やそれを見ている傍観者は、いじめが悪いことであるとわかりつつも、その集団から排除されるのを回避するために、いじめに加わるか、あるいは、特に注意できずに傍から見ているだけになってしまうことが多いのです。

　規範的影響に関する古典的研究は、アッシュ(Asch, S.E.)の同調実験です。**第2章**(p.25)でも紹介したように、同じ長さの線を選択する課題において、ほかの参加者が間違った解答をすると、それが間違いだとわかっているはずの参加者も同じ誤答をしてしまいます。

C. ミルグラムの服従実験における情報的影響・規範的影響

　同調の中でも、自分よりも権力をもつ権威者の命令に従い、行動を変えることを「服従(Obedience)」と呼びます。第二次世界大戦中にナチスドイツが行ったユダヤ人大虐殺行為や、1995年にオウム真理教の信者が東京で起こした地下鉄サリン事件は、いずれも権威をもつリーダーに服従して起きたという点で共通しているでしょう。**第2章**（p.27）で紹介したミルグラム(Milgram, S.)の実験では、60％以上の実験参加者が最高水準(450ボルト)の電圧による電気ショック（実際には実験装置は偽物でショックは与えていない）を別の参加者に与えました。

　こうした服従の心理には、情報的影響と規範的影響のいずれが働いているのでしょうか。まず、情報的影響について考えてみましょう。心理学実験というのは、多くの参加者にとって、どのように振る舞ったらよいのかわからないあいまいな状況です。そこで、その状況についての専門家とも言える実験者にどのように行動すべきか尋ね、指示に従うというのは、ごく自然な行動だと考えられるでしょう。では、実験の継続を指示した人物が専門家でなかった場合、参加者はどの程度その指示に従うのでしょうか。ミルグラムの実験で、指示を出す人物(実験者)が実験協力者(≠専門家)だと教示すると、最高水準の電圧による電気ショックを与えた参加者は20％にまで低下しました。つまり、専門家がいる状況では、その専門家の言動に従いやすく、情報的影響が起きやすいと言えるでしょう。

　では、規範的影響についてはどうでしょうか。心理学実験に慣れていない実験参加者は、自分にとって無害の他者に対して電気ショックで痛みを与えることに抵抗を感じます。それでも、権威者(実験者)に命令されることで、規範的影響がはたらき、権威者の期待に応えようと拒否したくても拒否できない状況になっていると考えられます。そこに権威者の指示に従わない「仲間」が現れると、最高水準の電圧まで電気ショックを与えた参加者は、10％にまで下がりました(Milgram, 1965)。自分以外にも命令を拒否する参加者がいることにより、「権威者の指示に従わなければならない」という規範が崩れ、権威者から受ける規範的影響が低下したようです。同時に、仲間の出現によって「権威者の指示に従わなくてもよい」という規範が生まれ、仲間から規範的影響を受けたとも言えるでしょう。

本章冒頭の事例でも、その場の雰囲気や一緒にいる人の行動に流されてお酒を飲む同調の場面が描かれています。飲み会に初めて参加するサークルメンバーが、どのように振る舞ったらいいのかわからず、一気飲みを止めに入らずその場を盛り上げているほかのメンバーの行動に従ったのであれば、情報的影響であると言えます。一方、一気飲みが良くないと考えているものの、止めに入る人がいないため、自分も止められなかった、という状況であれば、規範的影響です。このように、他者の行動に自分の行動を合わせる同調であっても、他者の行動が適切であると考えるかどうかによって異なる影響過程が働いているのです。

④ 集団分極化：集団討議が生み出す極端な意思決定

本章では、これまで他者の存在や行動が個人のパフォーマンスや行動に与える影響について学んできました。他者がそこにいるだけでなく、複数の他者と討議するなどの相互作用があった場合、その意思決定には個人での意思決定と比べて、どのような違いが見られるのでしょうか。いくつかの実験を紹介しながら、説明します。

ワラックら（Wallach et al., 1962）は、ストーナー（Stoner, J.A.）の修士論文研究で行われた集団意思決定に関する実験をもとに、大学生参加者の所属学部や性別など、対象の範囲を広げ、実験を行いました。参加者には、まず12の状況シナリオが提示されました（**表11-1**）。シナリオの中では、ある人物が、2つの選択肢のいずれを選ぶか悩んでいて、そのうち1つの選択肢は成功する確率が低く、リスクが高いのと同時に、成功すればより高い利益が得られるものとなっています。この状況で、最低どの程度の確率で成功が見込めれば、リスクの高い選択肢を選ぶようにシナリオ上の人物に勧めるかを判断します。参加者は、個人で回答した後、6人で話し合い、グループ（集団）での同一回答を決定します。すべての状況シナリオに関する集団回答後、再度、個人での回答を行いました。

実験の結果、ほとんどのシナリオで、個人回答よりも、討議後の集団回答の方が、リスクの高い選択をする傾向が示されました（**表11-1**、シナリオ

表11-1　状況シナリオの例（Wallach et al., 1962; 岡, 2001を基に改変）

1．国内ランキングの低いチェスプレーヤーが全国大会に出場し、ランキングが上位の相手と対戦しています。今、巧妙ですが失敗のリスクがある手を試すかどうかを迷っています。この手に成功すれば、勝利につながりますが、失敗すれば負けることはほぼ間違いありません。	リスキー・シフト
2．婚約したあるカップルが、最近、意見の根深い食い違いに直面しました。結婚カウンセラーは、「幸せな結婚は、可能ではあるが保障できない」と言っています。そのため、このカップルは、結婚するかどうかで迷っています。	コーシャス・シフト

1）。一方、一部の状況シナリオにおいては、集団討議後にリスク傾向が低下し、よりコーシャスな（慎重な）方向へと変化していました（**表11-1**、シナリオ2）。こうした変化は、もともと個人の持っていた意見や態度が、集団討議を通して、より極端になる「集団分極化（Group Polarization）」と呼ばれています。上記のように、リスク傾向の高い個人による討議を経て、集団回答がさらにリスキーな方向へ変化することを「リスキー・シフト（Risky Shift）」、リスク傾向の低い個人による討議を経て、集団回答がよりコーシャスな（慎重な）方向へ変化することを「コーシャス・シフト（Cautious Shift）」と呼びます。

　日本人大学生を対象とした実験（Isozaki, 1984）では、参加者を4〜5人のグループに分け実験を行いました。飲酒運転をした男性が人身事故を起こしたという状況シナリオを読み、個別に無罪・有罪の程度を0（絶対に無罪である）〜10（絶対に有罪である）で回答しました。個人回答の平均値は選択肢の中点である「5」よりも高く、参加者は有罪であると判断する傾向が強いことがわかります。その後、集団で議論し、同一回答を導き出すよう指示されました。集団討議の後には、個人回答の時よりもさらに有罪の程度を高く回答しており、集団分極化が起きていました。

　集団分極化は、前節の同調と同じく、周りの意見に影響を受ける影響過程です。ただし、同調とは周りの意見や行動をそのまま受け入れ実行することを指すのに対し、集団分極化では周りの意見を聞いたうえでその意見よりも極端な意見を抱くことを指します。また、集団分極化は多数決とも

異なります。例えば、前述の飲酒運転事故の事例について、0（絶対に無罪である）〜10（絶対に有罪である）のうち「7」と回答した3人と「6」と回答した1人が集団討議をしたとします。多数決をもとに集団の意思決定をするのであれば、4人のうち3人が選択した「7」となりますが、集団分極化では個別の回答である「6」や「7」よりも有罪であると判断する傾向が強まり（極端になり）、「8」や「9」という最終判断を下すことになるでしょう。

⑤ まとめ：あなたの行動を左右する他者の存在

　本章では、他者の存在や言動が個人に与える影響について学びました。努力量や成績が個別に評価されない状況では、個人よりも集団において努力量が低下し、パフォーマンスが下がる、社会的手抜きが起こります。

　また、集団での課題や作業であっても、個人の努力量や成績が評価される状況では、課題の困難さによってパフォーマンスの変化する方向が異なります。容易な課題や単純作業では、集団で行うことでパフォーマンスが向上する社会的促進が起きるのに対し、困難な課題や複雑な作業では、パフォーマンスが低下する社会的抑制が起きます。学校の授業での課題や職場でのプロジェクトなど、集団で作業する場面は、日常生活に多く存在します。そんな時、個別の評価がなされるのか、その作業内容が集団のメンバーにとって容易であるのかを見極めることで、メンバー一人ひとりが最大限の能力を出し切り、集団としてのパフォーマンスをベストな状態へと導くことが可能となるかもしれません。

　このような他者の存在自体が個人に与える影響に加え、他者の言動が個人の言動を変容させる場面も多いでしょう。どのように行動したらよいのかわからない状況では、ほかの人の行動を観察し、それが適切であると信じて同じように行動するという情報的影響を受けます。一方、適切な行動がわかっていながらも、ほかの人がそれと異なることをしていたら、その人の行動に従うという規範的影響を受けることもあります。

　新型コロナウイルスのパンデミックのように、世界中のすべての人にとって未経験の状況下では、適切な行動とは何なのか、どのように行動す

べきなのかがわかりません。そうした場合には、ある行動をとった人に多くの人が同調し、集団で不適切な行動に出てしまう可能性があります。本章内でも紹介した、2020年に発生した紙製品の品薄状態も、「今後トイレットペーパーが売り切れる」という真偽の定かでないSNS上でのコメントから始まりました。さらに、空になった商品棚の様子をメディアが報じることで本当に品薄になるか判断できない消費者が店頭に殺到し、実際に品薄状態を引き起こしたと言えるでしょう。

　私たちは、日常の様々な場面において、集団で話し合ってアイデアや結論を導き出しています。通常は、集団で考えることによって、より良い結論が出ることが期待されているためです。しかし、集団討議によってより極端な結論に至ることもあります（集団分極化）。また、集団内の意見を一致させることを重視するあまり、個人の疑問や反対意見を言えなくなるなど、不合理でより好ましくない結論が導き出されるという、集団的浅慮（グループシンク）が起きることもあります。集団での合意形成が、常により望ましい結果となるわけではないのです。

　SNSなどインターネット上で特定の個人や企業に対して非難や中傷のコメントが殺到する「炎上」も、集団過程の事例です。特定のコメントを見て、それが正しいと判断する人（情報的影響）や正しいとは思わなくとも多くの人がしている同様のコメントに従って拡散する人（規範的影響）によって、個人では投げかけることのない否定的な言葉が投稿されているのでしょう。特に、インターネット上の匿名状況では個人が特定されないため、没個性化（p.29）が背景にあると考えられます。本章で紹介した集団過程についての知識をつけることで、間違った情報に流されることなく、また他者の言動に対して過度に反応しすぎることなく、冷静な対応ができるようになることを願っています。

> ### 第11章で学んだキーワード
>
> 社会的手抜き、メタ分析、社会的促進、社会的抑制、同調、情報的影響、規範的影響、集団分極化

参考文献

Bond, C. F., Jr., & Titus, L. J. (1983). Social facilitation: A meta-analysis of 241 studies. *Psychological Bulletin*, **94**, 265–292.

Cottrell, N. B. (1972). Social Facilitation. In C. G. McClintock (Ed.), *Experimental Social Psychology*. Holt, Rinehart & Winston.

Hunt, P. J., & Hillery, J. M. (1973). Social facilitation in a coaction setting: An examination of the effects over learning trials. *Journal of Experimental Social Psychology*, **9**, 563–571.

Isozaki, M. (1984). The effect of discussion on polarization of judgments. *Japanese Psychological Research*, **26**, 187–193.

Karau, S. J., & Williams, K. D. (1993). Social loafing: A meta-analytic review and theoretical integration. *Journal of Personality and Social Psychology*, **65**, 681–706.

Kravitz, D. A., & Martin, B. (1986). Ringelmann rediscovered: The original article. *Journal of Personality and Social Psychology*, **50**, 936–941.

Michaels, J. W., Blommel, J. M., Brocato, R. M., Linkous, R. A., & Rowe, J. S. (1982). Social facilitation and inhibition in a natural setting. *Replications in Social Psychology*, **2**, 21–24.

Milgram, S. (1965). Some conditions of obedience and disobedience to authority. *Human Relations*, **18**, 57–76.

岡隆 (2001). リスキー・シフト実験 山岸俊男 (編) 社会心理学キーワード (pp.44-45) 有斐閣.

Sanders, G. S. (1981). Driven by distraction: An integrative review of social facilitation theory and research. *Journal of Experimental Social Psychology*, **17**, 227–251.

Triplett, N. (1898). The dynamogenic factors in pacemaking and competition. *American Journal of Psychology*, **9**, 507–533.

Wallach, M. A., Kogan, N., & Bem, D. J. (1962). Group influence on individual risk taking. *Journal of Abnormal and Social Psychology*, **65**, 75–86.

Worringham, C. J., & Messick, D. M. (1983). Social facilitation of running: An unobtrusive study. *Journal of Social Psychology*, **121**, 23–29.

Zajonc, R. B. (1965). Social facilitation. *Science*, **149**, 269–274.

第12章 ステレオタイプ・偏見・差別

　付き合っている彼から地元の幼馴染だという友人を紹介された。偏差値の高いことで有名な某大学の理系学部に在籍しているという。黒髪に眼鏡で小さな声で話す様子から、第一印象は「真面目で、おとなしい人」だったが、同じバンドのファンとわかり、とても盛り上がった。

#コロナ差別 #ヘイトスピーチ #ヘイトクライム

初対面の相手に抱いた第一印象でその人の人柄を推測したり、その人に関するプロフィールなどの事前情報によって気が合うかどうかを判断したり、私たちは限られた情報を基に相手の印象を評価しています。それは、十分ではない認知資源を基に情報処理を行う際に重要な過程です。しかし、それが必ずしも正確な判断であるとは限りません。その誤った判断に基づいた行動によって、相手を傷つけてしまうことがあります。本章では、相手が特定の集団に所属するという情報を基に、否定的な感情を抱いたり、相手に不利益が生じる行動をとったりするような歪んだ対人認知として、ステレオタイプ・偏見・差別を扱います。

　ステレオタイプや偏見、差別は身近なテーマですので、冒頭の事例以外にも、いくつか思いつくかもしれません。例えば、近年のコロナ禍では、感染拡大の初期に感染者やその家族に対して、差別的ともとれる誹謗中傷が後を絶ちませんでした（北村・東谷，2020）。具体的には、感染者が自宅に石を投げられたり、落書きをされたりという事件も起きました（虎走，2020）。これも新型コロナウイルス感染症という新たな病気についての情報が限られており、どんな行動が感染につながるのかなどが正確にはわからなかったために、そのような差別が起きたのだと考えられます。

❶ 気づかないうちに抱いているステレオタイプ・偏見・差別

　読者のみなさんの中には「自分は差別をしていない」「自分はステレオタイプをもっていない」と考えている人もいるかもしれません。では、SNS等の匿名の状況ではどうでしょうか？　または、アッシュ（Asch, S.E.）の同調実験（p.25）のように周囲の人たち全員が差別的な発言をしている、あるいはミルグラム（Milgram, S.）の服従実験（p.27）のように、権威のある人が差別的発言をした後に意見を求められる状況ではどうでしょうか？　差別をすべきではないと頭ではわかっている場合が多いのですが、実は、気づかないうちに差別をしたり、ステレオタイプ（固定観念や思い込み）をもっていたりすることもあるかもしれません。

　ここで、次の問題について考えてみましょう。

「ドクター・スミスはアメリカのコロラド州立病院に勤務する外科医である。冷静沈着、大胆かつ慎重な名医で、市長からの信任も厚い。スミスが夜勤をしているある日、交通事故に遭った親子が病院へ運ばれてくる。父親は即死、息子は重症だという。運ばれてきた重症の青年をみて、スミスは驚いた。彼はスミスの子どもだったのである。さて、スミスと事故に遭った親子の関係とはどういったものだろうか」(石井，2014)

　この課題は、心理学の内容を一般の人たちにもわかりやすく紹介しようと日本心理学会が作成した「心理学ミュージアム (https://psychmuseum.jp/)」(2022年7月7日閲覧)に掲載されているものです。さて、みなさんは、解答を思いついたでしょうか。

　正解例をいくつか紹介しましょう。1つ目は、「ドクター・スミスが女医であり、交通事故に遭った父親の妻である」という状況です。読者のみなさんの中には、ドクター・スミスが女性であるという可能性に思い至らなかった人もいるかもしれません。それはなぜかというと、「ドクター・スミスは外科医で冷静沈着、大胆」と聞いて男性であると思い込んでしまったからではないでしょうか。もう1つの解答としては「ドクター・スミスがゲイの男性であり、交通事故に遭った父親のパートナーである」という可能性です。「息子」と聞いて男女夫婦の子どもであると思い込んでしまった可能性はないでしょうか。ほかにも、例えば「ドクター・スミスが男性で離婚歴があり、事故に遭った父親が別れた妻の再婚相手である」というステップファミリーの可能性も考えられます。

　このように様々な可能性がある中で、答えがわからなかった人もいるかもしれません。上記のように、外科医だと聞いてドクター・スミスが男性だと思い込んだ、重傷を負ったのが息子と聞いて男女夫婦の子どもだと思い込んだ、という人はなかなか解答までたどり着かなかったことでしょう。こうした思い込みは「ステレオタイプ」と呼ばれるものです。自分はステレオタイプの影響を受けていないと思っている人でも、こうした課題を通して、自分のもつステレオタイプに気づくことがあります。

　このステレオタイプと似た概念として、偏見と差別があります。この3つの用語を普段、似たようなニュアンスで使っている人もいるかもしれませ

んが、社会心理学ではこれらの概念について明確な区別がありますので次節で説明します。

② 所属集団に基づく対人認知・行動

A. ステレオタイプ

「ステレオタイプ(Stereotype)」とは、集団の属性に関する一般化された固定観念を指します。ある集団に所属する人に対して、その集団所属を理由に「あの集団の人はみんな〇〇だ」と考える信念です。実際には所属メンバー同士の間にも多様性があるにもかかわらず、「この集団に所属するからこういう人に違いない」と考えます。例えば、「女性は方向音痴だ」「アジア人は勤勉だ」「アメリカ人はほかの国に関して無知だ」など、私たちの周りには様々なステレオタイプがあふれています。女性でも方向音痴ではなく、初めて訪れる場所でもまったく問題なく目的地に到着する人もいるでしょう。にもかかわらず、女性だからという理由だけで方向音痴だと思い込む、これがステレオタイプです。

B. 偏見

続いて、「偏見(Prejudice)」は、ステレオタイプに感情的な要素が加わったもの、つまり、ある特定の集団への所属を理由に、ある人に対してネガティブな感情を抱くことを指します。例えば、アメリカ国内で黒人やアジア人に対するヘイトクライム(人種や民族、宗教を理由とした嫌がらせや暴行などの犯罪行為)が度々問題になっていますが、その集団に所属することを理由に「嫌だな」と思う感情的な反応が偏見です。

C. 差別

「差別(Discrimination)」は、ある特定の集団に所属する人に対してネガティブに感じるだけではなく、当事者に不利益を与えるような行動に移すことを指します。最近は法律が整備されているので明示的な雇用差別は減ってきたものの、例えば、外国ルーツの大学生が、名前から外国籍であ

るとみなされたことを理由に、採用説明会への参加を断られるという事例もありました（佐藤・中井，2022）。2014年には、出産や不妊に悩む女性への支援策について訴えた女性都議に対して、東京都議会で男性都議から「自分が早く結婚すればいいじゃないか」とヤジが飛ばされたこともありました（朝日新聞，2014）。これらの例のように、国籍や性別などに関する特定の集団への所属を理由に否定的な行動をとるというのが差別です。

　自分自身が所属する集団というのは、常に意識しているわけではなく、自分の集団が少数派にならないと、自覚しにくいことがほとんどです。例えば、日本国内で生活していて自分が日本人であることを常に意識している人は、少ないのではないでしょうか。一方、海外旅行や留学経験のある人の中には、旅行先や留学先で自分が日本人であることを意識した場面を思い出せる人が多くいると思います。このように、自分が多数派である状況では、自分の属する集団カテゴリーをあまり意識することがなく、同時に少数派の存在にも意識が向かなくなるため、実際には自分が偏見を抱いていたり、差別をしていたりしても、そうした歪んだ対人認知自体をあまり自覚できないことがあります。したがって、自分が多数派である状況においてこそ、自分の考えや言動を意識する必要がありそうです。

❸ 潜在的態度とその測定

　本章の冒頭で紹介したドクター・スミスの課題では、普段自分がステレオタイプや偏見をもっていると自覚していない人の中にも、自分の態度に改めて気づかされたという人がいるかもしれません。これは、普段、偏見は望ましくない、差別をすべきではないと頭ではわかっているためです。こうした自分で意識している態度のことを「顕在的態度（Explicit Attitudes）」と言います。これに対して、無意識下で抱いている態度のことを「潜在的態度（Implicit Attitudes）」と呼びます。自分が意識していない潜在的なレベルにおいて、特定の集団に対して抱いている肯定的な態度または否定的な態度を表します。

　自分で意識している顕在的態度については、対象者に心理尺度などへの

回答を求めることで測定可能ですが、自分でも意識していない潜在的態度は、どのようにすれば測定できるでしょうか。潜在的態度の測定方法として、潜在的連合テスト（Implicit Association Test; IAT）と呼ばれるものがあります。国籍、人種、性別など様々な集団カテゴリーに関して、ポジティブな単語、またはネガティブな単語のどちらとの認知的結びつきが強いのかを測定するものです。説明を読むよりも実際に体験してみた方が理解しやすいと思いますので、以下のサイトからぜひテストを受けてみてください（https://implicit.harvard.edu/implicit/japan/takeatest.html）。

では、IAT の手順について簡単に説明します。IAT では、パソコン上で提示されるいくつかの課題を通して、その反応時間を測定します。「米国よりも日本に対してより肯定的な態度をもっているか」を課題例として考えてみましょう。

(1) IAT の手順①——日本か？　米国か？

第1課題では、日本または米国に関する単語や画像がパソコン画面の中央に1つずつ表示されます。日本に関する単語や画像が表示されたらキーボード上左側にある「E」のキーを押し、米国に関する単語や画像が中央に表示されたらキーボード上右側にある「I」のキーを押すよう教示されます。例えば、**図12-1**の **A** には日本の国旗が表示されていますが、この画像を見たら、できるだけ速く E のキーを押し、米国の国旗が表示されたら、I のキーを押します。このように日本と米国に関する単語や画像を分別する課題で、画像表示後のキーを押すまでの反応時間と正答率を記録します。

(2) IAT の手順②——ポジティブワードか？　ネガディブワードか？

第2課題では、ポジティブで良い印象を与えるような単語とネガティブで悪い印象を与えるような単語が画面中央に表示され、それぞれ E のキーまたは I のキーを押します。例えば、**図12-1**の **B** には「素晴らしい」というポジティブな単語が表示されているので、E のキーを押します。ほかにも、ポジティブな単語として、「嬉しさ」や「愛情」「素晴らしい」「輝かしい」などが表示されたら左側の E のキー、「苦悩」「恐ろしい」「意地の悪い」「邪悪な」などのネガティブな単語が表示されたら、右側の I のキーをできるだけ速く、間違いがないように押すというのが第2課題です。

(3) IATの手順③――日本×ポジティブ？　米国×ネガティブ？

　第3課題は、**図12-1**の **C** のように第1課題と第2題を組み合わせた課題です。ここでは日本または米国を表す単語や画像、ポジティブな単語やネガティブな単語が、すべてランダムに表示されます。日本に関する単語や画像、またはポジティブな単語が表示されたら左側のEのキー、米国に関する単語や画像、またはネガティブな単語が表示されたら右側のIのキーを押します。日本とポジティブな単語、米国とネガティブな単語がそれぞれ組み合わされていることにより、各組合せの潜在的な結びつきの強さを測定します。

(4) IATの手順④――米国か？　日本か？（キーの位置が逆転）

　第4課題では、第1課題で教示された日本と米国のキーの位置が逆になります（**図12-1**の **D**）。つまり、米国に関する単語や画像が表示されたら左側のEのキー、日本に関する単語や画像が表示されたら右側のIのキーを押します。この課題は、次の第5課題の準備課題となります。

(5) IATの手順⑤――米国×ポジティブ？　日本×ネガティブ？

　第5課題では、第4課題での国の配置と第2課題での単語の配置を組み合わせることで、第3課題における「日本／良い」と「米国／悪い」の組み合わせを「米国／良い」と「日本／悪い」に入れ替えています（**図12-1**の **E**）。したがって、第5課題では、米国に関する単語や画像またはポジティブな単語が表示されたら左側のEキーを押し、日本またはネガティブな単語が表示されたら右側のIキーを押します。

　日本とポジティブな単語が組み合わされていた第3課題における反応時間と、米国とポジティブが組み合わされていた第5課題の反応時間を比べて、どちらの方が速く正確に答えられているのかを比較します。もし、潜在的態度として米国よりも日本に対してポジティブな印象をもっていれば、米国とポジティブが組み合わされている第5課題よりも日本とポジティブが組み合わされていた第3課題において、より速く単語や画像の区別ができるというわけです。

　こうして言葉でそのプロセスを説明されるよりも、実際に体験した方がわかりやすいと思いますので、ぜひ前述のサイトから実際にIATをやってみてください。日本語でも受けられますし、年齢や性的指向性などの様々

なカテゴリーに関するテストがありますので、いずれか好きな課題を選んで1つやってみていただけたらと思います。

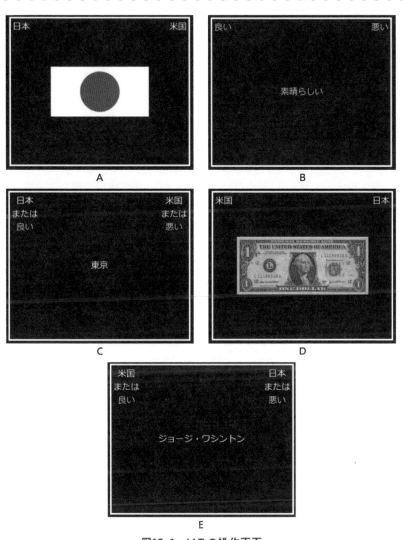

図12-1 IAT の操作画面
（https://implicit.harvard.edu/implicit/japan/takeatest.html）
【Project Implicit: Japan Site 管理研究者の許可を得て掲載】

　偏見や差別は、そもそもどのように生起するのでしょうか。偏見や差別が起きるまでにはまず、自分を含め人々が所属している集団を認識する「自己カテゴリー化」というプロセスが必要です。私たちは出身地、大学、職業（会社）など、階層的な構造を含む、複数の集団に所属しています。自己カテゴリー化において認識する集団というのは、社会的文脈によって異なります。特定の状況において、自己の立場を明確にする集団について意識が向くようです。例えば、日本にいる時よりも海外に行った時の方が、日本人であるという国籍をより強く意識するというのは前述の通りです。

　自分がどの集団に所属するのかを認識するという自己カテゴリー化をした後、自分が所属する集団である「内集団（Ingroup）」と、自分が所属する集団とは別の集団である「外集団（Outgroup）」とを区別します。この時、自分と類似している他者を内集団に、異なっている他者を外集団に分類します。この内集団と外集団が区別された後、「カテゴリー差異化」という現象が起きます。これは、内集団と外集団との差異を実際以上に強調して知覚する現象です。実際は、内集団と外集団との間にそれほど大きな違いがないのにもかかわらず、その違いをより誇張した形で知覚するのです。

　カテゴリー差異化によって、集団間の差異が認知されると、内集団と外集団のそれぞれに対して、また別の認知過程を経験します。まず、自分が所属する内集団のメンバーに対して、より肯定的な評価をし、より多くの利益を与える「内集団ひいき（Ingroup Bias）」と呼ばれる現象が起きます。これは、日常生活においても様々な状況で起こります。例えば、オリンピックにおいて、ほかの国の選手と比べて、自国の選手の方が強いと認識したり、全国高校生駅伝などを見て、自分の出身都道府県のチームの方が強いと認識したりするのも、内集団ひいきの一種です。つまり、客観的に見たらどうかはわからないものの、自分が所属する集団だからという理由で、内集団のメンバーに対して肯定的な評価をするということです。

　内集団ひいきをするということは、同時に外集団に対してはより否定的な評価をしているということになります。したがって、オリンピックや全

国高校生駅伝などの中継を見ている際、ほかの国の選手、自分とは異なる都道府県出身のチームだという理由だけで否定的に評価したり、嫌いになったりする可能性が想定されます。このような場合、外集団に対して発生しているのは、ステレオタイプ的認知です。これが、ステレオタイプが発生するプロセスです。前述したように、カテゴリー差異化によって、外集団に対して自分の所属する集団とは実際以上に違いがあると認知するために、「その集団（外集団）に所属する人たちは○○だ」というステレオタイプが生まれることになります。

A. 外集団メンバーは実際以上に類似していると感じる

　では、偏見や差別はどのような認知プロセスによって引き起こされるのでしょうか。1つ目は、「外集団同質性効果（Outgroup Homogeneity Effect）」と呼ばれるものです。これは、外集団のメンバー同士を実際以上に類似していると認知することを指します。例えば、多くの日本人は、アメリカ人と言えば知らない人にもすぐに話しかけるような陽気な性格をイメージするかもしれません。しかし、実際にはアメリカ人の中にもシャイな人はいて、一括りにアメリカ人と言っても、その性格には日本人と同じように個性やばらつきがあります。にもかかわらず、そのばらつきを過小評価し、外集団のメンバー同士が実際よりも類似していると認知すると、アメリカ人の多くが外向的であるというステレオタイプを引き起こすことになります。

　ここで、外集団同質性効果に関する実験（Quattrone & Jones, 1980）を1つ紹介します。この実験の参加者はアメリカ・ニュージャージー州にある私立プリンストン大学の学生と、州立ラトガース大学の学生です。実験ではまず、実験室に参加者を集め、男子学生があるテーマ（e.g. 実験者が実験機器を修理している間、1人で待つか、ほかの参加者と一緒に待つか）について意思決定している動画を視聴してもらいます。動画に登場する男子学生の所属大学は実験的に操作され、参加者と同じ大学（内集団）に所属していると教示される「自大学条件」と、参加者とは異なる大学（外集団）に所属していると教示される「他大学条件」との2つが設けられました。そして、動画内の男子学生と同じ大学に所属する学生のうち何％が彼の意思決定と同じ選択をするかを参加者に推測してもらいました。

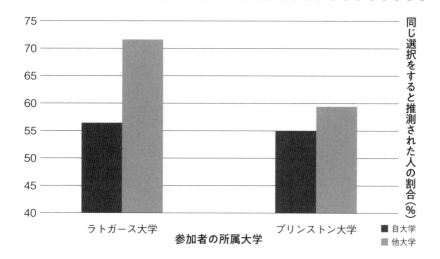

図12-2 外集団同質性効果実験の結果
(Quattrone & Jones, 1980を基に作成)

　結果の一部を、**図12-2**に示しました。グラフの縦軸は、動画に登場した男子学生と同じ大学に通う学生のうち、彼と同じ選択をすると推測された人の割合です。横軸は実験参加者の所属大学、棒グラフの濃淡は動画内の男子学生が所属する大学が参加者と同じ大学（自大学＝内集団）だと教示されたか、ニュージャージー州にあるもう1つの大学（他大学＝外集団）だと教示されたかを表しています。

　両大学の学生とも、動画に登場した男子学生が自分と同じ大学に所属していると教示されると、自大学の学生のうち、その男子学生と同様の意思決定をするのは55％前後だろうと予測していました（グラフ内それぞれ左側の棒グラフ）。

　一方、動画の男子学生が参加者とは別の大学（外集団）に所属していると教示され、彼と同大学に所属する学生が彼と同じ意思決定をするのかを推測したのがそれぞれ右側の棒グラフです。実験に参加したどちらの大学の参加者も、男子学生が自分たちとは別の大学に所属していると教示された場合には、彼と同じ大学に通う学生のうち59％以上が彼と同じ意思決定をするだろうと推測されました。つまり、実験参加者は動画に登場した男子

学生が自分と同じ大学（内集団）に所属していれば、集団内のメンバーが選択する意思決定にはばらつきがあると認知するのに対して、男子学生が自分とは別の大学（外集団）に所属していると教示されると、彼と同じ大学に通うほかの学生たちはより高い割合で彼と同じ意思決定をするだろうと推測したのです。さらに、この傾向は、事前情報が少なく、予想の難しい事柄において、より強く見られました。

　この実験結果から、実験参加者は他大学の学生同士がより類似した志向性をもっていると認知していることが示唆され、外集団同質性効果が現れていることがわかります。ほかにも様々な外集団同質性効果の例が挙げられると思います。みなさんも身近な事例で考えてみてください。

B. 限られた資源をめぐる競争によって、偏見や差別が強化される

　偏見や差別を引き起こす認知プロセス2つ目は「現実的利害対立理論（Realistic Group Conflict Theory）」と呼ばれるものです（Campbell, 1965; LeVine & Campbell, 1972）。これは、限られた資源をめぐる集団間の対立をきっかけに偏見や差別が起きるという理論です。自分たちも限られた資源の一部を獲得したいにもかかわらず、同じ環境にいる外集団にその資源を奪われてしまうのではないかと懸念し、外集団に対する偏見や差別が強化されます（Sherif et al., 1961）。具体例としては、失業率の高い社会状況では、限られた雇用をめぐる競争が発生しますが、自分が得られるはずの職が外国人労働者に奪われているかもしれないと考えると、外国人に対する偏見や差別が強化されるのです。

　この事例に類似した、現実的利害対立理論に関する実験があります（Esses et al., 1998）。実験参加者はまず、その社会の雇用状況に関する記事を読みます。参加者のうち半数が読むのは、雇用の数が限られていてスキルの高い移民が労働市場に参加しており、労働市場が競争的な状況にあるという内容の記事です。残りの半数の参加者は、移民についてはあいまいな表現にとどまり、労働市場に関する言及のない記事を読みました。

　参加者はそれぞれの記事を読んだ後、移民に対する態度について回答します。結果としては、競争的な労働市場に関する内容の記事を読んだ参加者は、移民に対してよりネガティブな態度を示しました。これは、評価対

象であった移民が、もともとその地域に暮らす人々にとっては外集団にあたり、記事を読むことでその地域にある限られた雇用をめぐって争う競争相手として認知されるため、よりネガティブな態度が強まったのです。したがって、雇用の数などの資源が限られていることを認識し、その限られた資源をめぐる外集団メンバーとの競争を想起すると、外集団に対する偏見や差別が強化されるということです。

C. ステレオタイプに沿った行動によって、ステレオタイプが現実化する

　偏見や差別を引き起こす3つ目の認知プロセスは、これまでの章でも何度か紹介してきた「予言の自己成就（Self-Fulfilling Prophecy）」です（p.48, p.153）。自分の信念や信じている予言、噂に基づいた行動によって、それが現実になることを指します。この予言の自己成就は偏見や差別をどのように強化するのでしょうか。

　ここでは、筆者の留学中に起きた経験を基に説明しましょう。例えば、「移民は頭が悪い」という信念（ステレオタイプ）をもつ人がいたとします。こうした信念をもつ人は、頭が悪いと思う対象（ここでは移民）に対して、自分の話を理解してもらうためにゆっくり話しかけるでしょう。ゆっくり話しかけられた移民は、相手に合わせておそらくゆっくり返答するでしょう。会話というのは相互コミュニケーションなので、お互い同じぐらいのスピードで話します。つまり、速く話しかけられたら相手は速く返答しようとし、逆にゆっくり話しかけられたらゆっくり返答しようとします。ゆっくり話しかけられた移民がゆっくり返答をしたら、話しかけた人が当初抱いていた「移民は頭が悪い」という信念に合致した結果になり（会話のスピードが必ずしも頭の良さを表しているわけではありませんが）、予言の自己成就が成立します。ある対象について、もともと抱いていた信念がその人の行動に影響し、その行動を受けた対象者の行動が当初の信念に一致することで、行為者の偏見や差別を強化する働きがあるのです。

5 ステレオタイプがパフォーマンスを低下させる

　ここまでは偏見や差別がどのように起きるのかについて、その認知プロセスから説明してきました。それでは、ステレオタイプをもたれている対象者の行動やパフォーマンスには、それがどのように影響するのでしょうか。本節では、ステレオタイプをもたれている対象者が自分の所属する集団に対するステレオタイプと一貫した行動をとってしまうのではないかと懸念する「ステレオタイプ脅威（Stereotype Threat）」を経験することにより、パフォーマンスが低下することを示した実験について説明します。

　数学の成績が同程度の大学生男女を対象に、全員に数学のテストを受けてもらう実験です（Spencer et al., 1999）。この実験では、「女性よりも男性の方が、数学が得意である」というステレオタイプがパフォーマンスへ及ぼす影響に着目しています。参加者は、まず「数学の成績に関して、これまでに性差が示された研究もあれば、性差が示されない研究もある」という教示の後、以下の2つのメッセージのうち1つを受け取ります。1つは「これから受けてもらう数学のテスト結果には性差があることがわかっている」というもの、もう1つは「これから受けてもらう数学のテスト結果には性差が示されていない」というものです。つまり、参加者の受ける数学のテストにおいて、その成績に性差が予測されるかされないか、事前にいずれかのメッセージを受け取ることになります。その後、数学のテストを全参加者に受けてもらいました。

　結果は、**図12-3**に示した通りです。縦軸が数学のテストの点数、それぞれ左側の棒グラフが男子学生の成績、右側が女子学生の成績を示しています。テストの前に「性差が予測されない」というメッセージを受け取った条件では、実際、数学テストの成績に統計的に有意な性差は見られませんでした。一方、「性差が予測される」というメッセージを受け取った条件では、女子学生の成績が下がり、同じメッセージを受け取った男子学生よりも点数が低いという結果になりました。つまり、テストの前に「女性よりも男性の方が、数学が得意である」と想起されるメッセージを受け取ると、男女差が見られないと言われる条件よりも、女子学生の成績が低くなったのです。

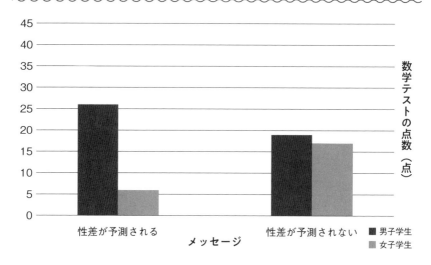

図12-3　性別ステレオタイプと数学テストのパフォーマンス
(Spencer et al., 1999)

　なぜこのような違いが見られたのでしょうか。女子学生の立場から考え
てみましょう。女子学生は、「良い点を取ることができなければ、『女性は
数学が苦手である』というステレオタイプを支持する結果になってしま
う」と心配し、実際に成績が下がると考えられています。数学の成績に関す
る性別ステレオタイプについての詳細は、森永（2017）が詳細に議論してい
ますので、関心のある方は、調べてみてください。

　数学の成績に関するステレオタイプには、性別に基づくものだけでな
く、「白人よりもアジア人の方が数学が得意である」という人種に基づくも
のもあります。したがって、アジア人女性は、性別と人種とで対立するス
テレオタイプを抱かれていることになります。この場合、数学のテストを
受ける前に、性別と人種のうち、いずれを想起するかで、その後のパフォー
マンスに差が生まれるのでしょうか。

　この問いに基づき、テスト前に想起する個人属性のうち、際立たせる属
性の種類によって成績が変わるのかを検討した実験があります（Shih et
al., 1999）。実験の参加者はアジア系アメリカ人の女子大学生です。数学の
テスト前に性別と人種のうち、どちらの属性に意識を向けるかに関して、

実験操作を行いました。「性別条件」の参加者には、現在、学生寮に住んでいるか？ 女子寮と男女混合寮のどちらを好むか？ さらに、それぞれの寮を好む理由について尋ね、潜在的に性別を意識するような課題を提示しました。もう一方の「人種条件」の参加者には、両親や祖父母が英語以外の言語を話すか？ 自宅で何語を話すか？ アメリカで生活を始めて何世代目か？ など、潜在的に人種を意識するような課題を提示しました。「統制条件」の参加者は、性別・人種いずれにも意識が向かない課題を行いました。その後、全参加者に、数学の問題を解いてもらいました。

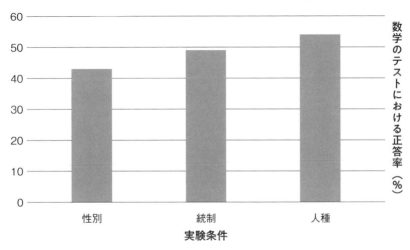

図12-4　性別・人種ステレオタイプと数学テストのパフォーマンス
（Shih et al., 1999を基に作成）

　性別または人種を意識することで、数学のテストの成績にそれぞれどのような影響が出るのでしょうか。まず、前述のステレオタイプ脅威実験と同様に、性別条件の参加者は、統制条件の参加者よりも、正答率が低くなりました（**図12-4**）。一方、人種条件の参加者は、統制条件の参加者に比べ、正答率が高くなりました。したがって、性別、人種、いずれの属性においても、意識することで、それぞれの属性に関わるステレオタイプと一貫したパフォーマンスになることがわかりました。

　ステレオタイプというのは、ネガティブなものが多いので、ステレオタ

イプを意識すると通常パフォーマンスは低下します。この実験の性別条件の参加者のように、ステレオタイプ脅威の影響を受ける（良い点を取ることができなければ、「女性は数学が苦手である」というステレオタイプを支持する結果になることを懸念するあまりに、パフォーマンスが低下する）ためです。しかし、人種条件の参加者に見られたように、ポジティブなステレオタイプ（白人よりもアジア人の方が数学が得意）を意識した場合には、ステレオタイプと一貫する形でパフォーマンスが上がること（ステレオタイプ・ブースト [Stereotype Boost]）が、この実験によって示されました。

6 偏見や差別の抑制：集団間調和に向けて

　外集団のメンバーに対する偏見や差別は、集団間の対立へと発展する可能性もあります。こうした外集団に対する偏見や差別を減らすためには、どのような方法が考えられるでしょうか。本節を読み進める前に、みなさん自身でも少し考えてみてください。

A. 自分がステレオタイプや偏見をもっている可能性について認知する
　まず、1つ目の対策としては、自分自身がステレオタイプや偏見をもっている可能性を自覚することでしょう。本章冒頭でドクター・スミスの課題を紹介しましたが、この課題が掲載されている「心理学ミュージアム（https://psychmuseum.jp/）」の中でも、ステレオタイプとうまく付き合うためには、自分の考えが常に正しいと過信をしない、自分の考えに批判的になる、何事も決めつけをしない、といった心構えが重要だと述べられています（石井，2014）。

B. 偏見や差別、多様性について学習・教育する
　2つ目の対策は、偏見をもつ、差別を行うというのがどういうことなのかに加えて、多様性に関して学習する（教育する）ことです。相手を知らないまま、誤った情報を信じていたり、無意識のうちに相手が傷つく発言、差別的な行動をしたりしているかもしれません。偏見や差別の対象となりや

すい少数派グループについて、自身が知識を深め、状況が許せば、子ども
を含む周囲の他者とその知識を共有し、課題や対策について考えていく必
要があります。

　多様性に関する学習教材としては様々ありますが、例えば、アメリカで
制作されているセサミストリートというアニメには個性豊かなキャラク
ターが登場し、多様性を重視することの大切さに関するメッセージが織り
込まれています（https://www.sesamestreetjapan.org/index.html）。人種や文化の
違い、多様な家族のあり方、貧困問題、HIVや自閉症との向き合い方など、
扱われるトピックは多岐にわたります。このように、幼少期から子どもた
ちが触れやすいコンテンツを教材として用いることが、偏見や差別を減ら
すために重要であると考えられます。

　また、多様な背景をもつメンバーと一緒に学習することも、偏見や差別
の低減につながるでしょう。近年、アクティブ・ラーニング形式の授業が、
中学や高校、大学においても盛んに行われています。アクティブ・ラーニ
ングの手法の1つであるジグソー法学習では、自分自身で学習する内容は全
体の一部であり、それ以外の箇所については、グループのほかのメンバー
から教えてもらう必要があるため、お互い協力して学び合う場面が出てき
ます。このようなジグソー法学習を、例えば人種や国籍が異なるメンバー
で構成されたグループで実施すると、通常の学習法に比べて、自分が所属
する集団（内集団）とは異なる外集団に対する偏見やステレオタイプが低下
するだけでなく、メンバーに対する好感度が向上したり、その学習内容に
関するテストの成績が上がったりというポジティブな効果が見られます
（Aronson & Bridgeman, 1979）。こうした効果を踏まえると、教育場面におい
て、多様なメンバーによるグループワークを取り入れることで偏見やステ
レオタイプを低減することが可能かもしれません。

(1) 差別の体験

　差別に関する教育について、その一例を紹介します。1960年代後半にア
メリカのとある小学校で「青い目課題」という課題が行われました（Elliot,
1977；ピータース，1988）。課題の様子は、アメリカの公共放送PBSで放送
されたドキュメンタリーをご覧ください（https://www.youtube.com/watch?v=
1mcCLm_LwpE；課題自体の様子は2:45〜17:00辺り）。この番組は、青い目課

題に参加した小学生が、成人後、当時の様子を撮影した動画を見て振り返るという内容です。日本語字幕がなくすべて英語ですが、課題に参加した子どもたちの表情や行動などが見てとれます。

　まず、この課題が最初に行われた背景について説明します。1960年代のアメリカ・アイオワ州の小さな町にある小学校で当時3年生の担任をしていた教師ジェーン・エリオットが、自分のクラスで当該の課題を実施しました。1968年、マーティン・ルーサーキング Jr. が暗殺され、エリオットは彼がなぜ暗殺されたのかについて、子どもたちに教える方法を考えていました。学校のある地域は中流階級の白人が暮らすエリアで、普段、人種差別について考えたり、経験したりする機会の少ない環境です。それまでも人種差別については授業などで触れたこともあったのですが、話すだけでは子どもたちに伝わっていないと感じていたそうです。そこで、エリオットは、子どもたちが実際に差別をされる経験を通じて学習するという青い目課題を発案しました。

　エリオットのクラスの生徒は、地域住民と同様ほとんどが白人です。ただ、その中には、目が青い子と茶色い子がいるため、目の色に応じて立場を決め、以下のように優遇される日と優遇されない日を交替で経験させることにしました。

①1日目

　茶色い目の生徒に対して、休み時間が延長されたり、給食のおかわりができたりといった、子どもたちの喜ぶ特権が与えられました。

　他方、青い目の子どもたちは、遠くから見ても目立つように首にスカーフを巻くよう指示され、茶色い目の子どもたちとは一緒に遊べないなど、区別されました。

②2日目

　特権が与えられるグループを入れ替え、青い目の子に特権を与え、茶色い目の子は特権なしという状況で1日を過ごしました。

③3日目

　ディブリーフィング（課題や実験終了後に本来の目的を説明し、課題中に生じた疑問に回答する手続き）として、エリオットが課題の目的などについて子どもたちに丁寧に説明します。そして、課題の最中に、子どもたちがど

のように感じ、どのようなことを考えたのか、お互い話し合い、この経験
をどのように今後に活かすことができるのかについて議論します。

(2) 特権がある／ないことによってもたらされる変化

　この青い目課題では興味深い結果がいくつか挙げられているのですが、
1つは子どもたちの態度の変化です。1日目も2日目も同様に、課題開始後30
分も経たないうちに、特権をもっているグループの子どもたちが威張った
り、支配的に振舞ったり、特権をもっていないグループの子どもたちをか
らかったり、いたずらを始めたりします。これは、先ほど紹介した動画の
中でも見てとれます。他方、特権をもたないグループの子どもたちは、最
初は反抗や抵抗を試みるのですが、そのうちに何をやっても無駄であると
感じ、学習性無力感(p.48)のような状態に陥ります。

　青い目課題を経験することで、子どもたちの学習に対するモチベーショ
ンや成績にも変化が見られました。課題の1日目と2日目に全生徒が受けた
テストにおいて、どちらのグループも、自分たちに特権が与えられた日(茶
色い目の子は1日目、青い目の子は2日目)の方が、テストで解答までにかける
時間が短く、また、正答率も特権のある日の方が高かったという結果が示
されました。

(3) 青い目課題から20年後の教育効果

　青い目課題から20年後のインタビューによると、この課題によって全体
的にポジティブな経験をすることができたと回答した参加者がほとんどで
した。この課題での経験のおかげで、偏見が少なくなり、差別について意
識するようになったという回答もありました。さらに、差別について頭で
理解するだけではなく、課題を通じて差別を擬似体験することで感情が動
いたという発言もあったのです。

　こうしたポジティブな影響を引き起こす課題なのであれば、より多様な
多くの人に対して実施されても良さそうです。教員やそのほかの大人に対
する課題の有効性(ピータース,1988)についても、前述の動画の後半で説明
されています。しかし、この課題では、特に3日目の課題説明（ディブリー
フィング）や、参加者の感情・反応についての話し合いを適切に行うことが
重要であるため、誰もが気軽に実施できる課題ではないということが強調
されています。動画にも映っていますが、課題に参加する子どもたちは精

神的苦痛を感じ、本当につらそうな顔をしています。したがって、課題の実施にあたっては、その方法について事前にきちんと確認し、参加者の感じる精神的苦痛への対処法を十分に検討したうえで行う必要があります。適切な方法で実施すれば、課題の参加者にとって、差別や偏見に関する大きな学びに繋がります。

C. 接触仮説：異なる集団のメンバーと知り合う

　集団間調和に向けた3つ目の対策は、「接触仮説(Contact Hypothesis)」によるものです。接触仮説とは、集団間の対立が起きる原因は、お互いのことを十分知らないためであり、実際に会って話すなど直接接触することで偏見や差別を減らすことができるのではないかという考え方です（Allport, 1954）。

　とてもシンプルで簡単に思える方法なのですが、実際に接触仮説によって集団間対立を解決するためには、いくつかの条件が必要です(Sherif et al., 1961)。例えば、お互いのメンバー間の優劣がなく同じ地位であること、それぞれの集団が共通の目標をもっていること、などが接触仮説を成立させるための前提条件です。これらの条件を満たさないまま、敵対する集団同士を近づけると、かえってその対立が激化し、関係性はさらに悪化してしまいます。また、実際には、対立する集団同士が接触する状況を作ること自体が難しい場合も多くあります。

D. 拡張型接触仮説：友人の知り合いが異なる集団に所属していると知る

　4つ目の対策は「拡張型接触仮説(Extended Contact Hypothesis)」に基づくものです。接触仮説のように、個人が外集団のメンバーと直接接触しなくても、例えば、自分の友人がその外集団の人と知り合いだということを知ることで、当該の外集団に対する偏見が減ることがあります。これが、拡張型接触仮説です(Wright et al., 1997)。

　例えば、あなたが通うA大学とはライバルだとみなされているB大学の学生に対して、あなた自身はあまり良く思っていなかったとします。しかし、あなたと同じA大学に通う友人から「高校で仲の良かった友人がB大学に通っている」と聞いたら、あなたのB大学に対するイメージが改善す

ることがあります。この時、あなたは直接B大学の学生と知り合ったわけではなく、友人を通してB大学との間接的なつながりが作られている点が、接触仮説との違いになります。

　拡張型接触の効果に関する研究は、これまで多く行われてきたので、それらをさらにまとめてメタ分析(p.18)が実施されました(Zhou et al., 2019)。それまでに行われた拡張型接触の効果に関する115の研究結果（数十人〜2,000人を超える参加者が各研究に参加）を集めて、より包括的な分析を行ったものです。メタ分析の結果、拡張型接触(＝外集団に所属する友人をもつ内集団メンバーを何人知っているのか）と外集団に対する態度との間には有意な関連が見られ、拡張型接触がある人ほど外集団に対してポジティブな態度を抱いていることが示されています。さらに、この拡張型接触の効果は、直接外集団メンバーを知っている時の効果と同程度であることもわかりました。前項で述べた通り、接触仮説を機能させるには、いくつかの条件を満たす必要がありましたが、拡張型接触の場合には、知り合いの知り合いが外集団に所属していると知るだけで、当該の外集団に対する態度が改善するので、その効果が注目されています。

E. 共通するアイデンティティと上位目標によって結束する

　5つ目の対策として、対立する複数の集団に共通するアイデンティティを形成し上位目標を設定することで、集団間の偏見・差別を減らす方法が考えられます(Sherif et al., 1961)。いくつか例を挙げて見ていきましょう。

　ある企業内で開発部と営業部が対立していたとします。この対立を収束させるには、どのようなやり方が考えられるでしょうか？　まず、開発部と営業部はともに同じ企業内の部署同士ですから、「その企業の一員である」という共通のアイデンティティを強調し、企業全体を内集団として認識させます。そのうえで、同業他社などのライバル企業を両部署にとっての外集団と捉えれば、内集団ひいきが起き、社内の他部署に対する偏見や対立を減らすことができます。さらに、ライバル企業に売り上げで上回るという複数部署の協力が必須である上位目標を設定することで、対立していた部署も結束するでしょう。

　歴史的事例からも考えてみましょう。江戸時代後期、国のあり方をめぐ

り対立していた薩摩藩と長州藩は、土佐藩・坂本龍馬の仲介もあって、ともに「討幕派」であるという共通アイデンティティを形成し、お互いを認め、薩長同盟を結んだと言われています。これも、討幕という共有ミッションが上位目標として作用することで、両藩の間に共通するアイデンティティが形成され、対立が収まったと考えることができます。

❼ まとめ：偏見や差別と向き合うために

　本章では、ステレオタイプ、偏見、差別それぞれの定義を紹介したうえで、偏見や差別が起きる認知プロセスについて説明しました。人は必ずしも自分の偏見に気づいているわけではなく、潜在的態度として、特定の集団に対してネガティブな感情を無意識に抱いていることがあります。自分の所属する内集団と外集団が区別された途端に、外集団のメンバー同士は実際以上に類似しているように見え（外集団同質性効果）、内集団をより肯定的に評価するようになります（内集団ひいき）。こうした自動的な反応とも言える偏見や、それに基づく差別を抑制するための方法もいくつか紹介しました。偏見や差別について学習する、外集団のメンバーと直接知り合いでなくても、友人の知り合いが外集団に所属していると知る（拡張型接触仮説）、外集団と共通アイデンティティを形成するなど、差別をしている本人だけではなく、周囲の人が介入できる方法もあります。

　本章冒頭の事例のように、事前情報が限られた相手に対して、その属性を基に特定の印象を抱くことは自然なことと言えるでしょう。ただ、その印象が誤ったステレオタイプである可能性があることを意識し、その人について知っていく過程で柔軟に印象を変化させていくことが、偏見や差別を回避するためには重要です。新型コロナウイルス感染者に対する差別やアメリカにおける人種差別に基づく事件など、普段の生活においても差別がなくなることはありません。本文でも触れましたが、まずは自分が偏見をもち、差別をしている可能性について認識し、差別や多様性について学習していくことが必要です。本章で学んだことが、読者のみなさんの偏見や差別の低減に、わずかながらでも貢献できることを願っています。

ステレオタイプ、偏見、差別、顕在的態度、潜在的態度、内集団、外集団、内集団ひいき、外集団同質性効果、現実的利害対立理論、予言の自己成就、ステレオタイプ脅威、ステレオタイプ・ブースト、接触仮説、拡張型接触仮説

参考文献

Allport, G. W. (1954). *The Nature of Prejudice*. Addison-Wesley.

Aronson, E., & Bridgeman, D. (1979). Jigsaw groups and the desegregated classroom: In pursuit of common goals. *Personality and Social Psychology Bulletin*, **5**, 438–446.

朝日新聞 (2014). 「自分が早く結婚すれば」「産めないのか」 女性都議の質問に議場からヤジ 朝日新聞 6月19日朝刊 (東京西部), 29.

Campbell, D. T. (1965). Ethnocentric and other altruistic motives. In D. Levine (Ed.), *Nebraska Symposium on Motivation, 1965* (Vol. 13, pp.283–311). University of Nebraska Press.

Elliott, J. (1977). The Power and Pathology of Prejudice. In P.G. Zimbardo and F.L. Ruch (Eds.), *Psychology and Life* (9th ed., pp.589–590). Scott Foresman.

Esses, V. M., Jackson, L. M., & Armstrong, T. L. (1998). Intergroup competition and attitudes toward immigrants and immigration: An instrumental model of group conflict. *Journal of Social Issues*, **54**, 699–724.

石井国男 (2014). 人に対する思い込み――ステレオタイプの光と影 心理学ミュージアム. https://psychmuseum.jp/show_room/stereotype/ (2022年6月7日閲覧)

北村浩貴・東谷晃平 (2020). 警戒下, 平時へ道筋 感染者らに中傷「やめて」きょうから制限一部緩和 朝日新聞 5月11日朝刊, 19.

虎走亮介 (2020). 新型コロナ 感染者の体験 SNSで発信 「誰かの役に」中傷恐れ匿名で 読売新聞 4月28日朝刊 (大阪), 26.

LeVine, R. A., & Campbell, D. T. (1972). *Ethnocentrism: Theories of Conflict, Ethnic Attitudes, and Group Behavior*. Wiley.

森永康子 (2017). 「女性は数学が苦手」――ステレオタイプの影響について考える 心理学評論, **60**, 49–61.

ピータース, W., 白石文人 (訳) (1988). 青い目 茶色い目――人種差別と闘った教育の記録

日本放送出版協会(Original work published 1971).

Quattrone, G. A., & Jones, E. E.(1980). The perception of variability within in-groups and out-groups: Implications for the law of small numbers. *Journal of Personality and Social Psychology*, **38**, 141–152.

佐藤英彬・中井なつみ(2022). 「外国籍」理由に断る 吉野家、採用説明会の参加 朝日新聞 5月8日朝刊, 28.

Sherif, M., Harvey, O. J., White, B. J., Hood, W. R., & Sherif, C. W.(1961). *Intergroup Conflict and Cooperation: The Robbers Cave Experiment*. University of Oklahoma Book Exchange.

Shih, M., Pittinsky, T. L., & Ambady, N.(1999). Stereotype susceptibility: Identity salience and shifts in quantitative performance. *Psychological Science*, **10**, 80–83.

Spencer, S. J., Steele, C. M., & Quinn, D. M.(1999). Stereotype threat and women's math performance. *Journal of Experimental Social Psychology*, **35**, 4–28.

Wright, S. C., Aron, A., McLaughlin-Volpe, T., & Ropp, S. A.(1997). The extended contact effect: Knowledge of cross-group friendships and prejudice. *Journal of Personality and Social Psychology*, **73**, 73–90.

Zhou, S., Page-Gould, E., Aron, A., Moyer, A., & Hewstone, M.(2019). The extended contact hypothesis: A meta-analysis on 20 years of research. *Personality and Social Psychology Review*, **23**, 132–160.

第13章　文化心理学

　　私のゼミにはカナダからの留学生がいる。ゼミが始まったばかりの頃から積極的に発言している様子に感心してしまう。気になって、なぜそれほど躊躇なく発言できるのかを聞いてみたことがある。

　　彼女は、「自分の意見を言えばいいのだから、それほど難しいことではないよね」とこともなげに言った。周りの反応を考えてしまう私は、気にしすぎなのだろうか。

#カルチャーショック　#国民性・県民性　#個人主義／集団主義

冒頭の事例にあるように、私たちの行動や心理過程は、私たちを取り巻く社会環境や文化に少なからず影響を受けています。本章では、文化というものがこれまでの研究でどのように捉えられてきたのか、個人を取り巻く文化が、どのように個人の行動に影響するのかについて学んでいきます。

❶ 「自分は誰なのか？」：課題から見える自己概念の文化差

　第3章で、「自分は誰なのか？（Who am I ？）」と自分に問いかけることによって「自己概念（Self-Concept）」を測定する課題を紹介しました(p.35)。この問いに対する回答を肯定的な内容、否定的な内容、中立的な内容に分類したうえで、日本人とカナダ人の回答を比較すると、日本人の回答の半数近くが中立的な項目であり、残りは否定的な項目と肯定的な項目でおおむね半々でした(Leuers & Sonoda, 1999)。一方、カナダ人の回答では、肯定的な項目が最も多く、中立的な項目と否定的な項目が少ないという結果でした。つまり、日本人に比べてカナダ人の方が自己を肯定的に捉えており、自己概念に関して文化差が見られることがわかります。

❷ 文化とは？：文化の定義

　では、そもそも文化というのは何を指していて、どのように定義づけられるのでしょうか。いくつか定義がありますが、本書では「相互に結びついた人々の集まりの中で生み出され、流布され、そして再生産され、共有された知識のネットワーク」（Chiu & Hong, 2006）とします。この定義をもとに、文化の3つの特徴(Triandis, 2007)について、詳しく考えてみましょう。
　まず、文化の生起過程についてです。上記の定義では「相互に結びついた人々の集まりの中で生み出され」の部分に表されていますが、文化とは、人々と環境との相互作用によって生起します。ここでの環境とは、物理的環境のみならず、他者との関係性などの社会環境も含まれます。そして、

こうして生起した知識のネットワークが、さらにその集団に所属する個人の行動や心理過程へ影響を与えることにより、人々が作り上げた文化が個人へと還元される過程が生まれます。

　第2に、「共有された知識のネットワーク」の部分に含まれる「共有された」という箇所に表されているように、文化というのは、特定の集団に所属する複数人で共有されている知識です。したがって、個人の信念や態度、行動の意味するところが、ほかの人と共有されていなければ、それは文化とは見なされません。一方で、どのような大きさの集団であっても、その集団の中で共有されていて、ほかの2つの条件を満たすものであれば文化と呼ばれるのです。

　第3に、「再生産される」という部分で、ある世代の人たちが共有している知識ネットワークが次の世代に引き継がれているものである必要があります。一番わかりやすい例としては、親から子、子から孫へという世代間の伝達が挙げられます。ほかにも、例えばサークルや会社の中で先輩から後輩に引き継がれるような、家族関係以外の伝達も考えられます。

3　○○らしさの類型：文化次元

　みなさんは、文化と聞いて、具体的にどのような集団を思い浮かべるでしょうか。まず思い浮かぶのは、日本や中国、アメリカ、カナダなどの国籍かもしれません。アメリカ国内では、民族（エスニシティ）による違いで文化差が生じるという研究が多くあります。しかし、前述のように文化の形式というのはこれだけではなく、どれほど小さな集団であっても、その構成員による行動や信念が共有されていて、それが世代間で伝達されれば、それは文化になりうるのです。このように考えると、様々な文化の形式が思いつくでしょう。例えば、「関東の人は○○だ」や「関西の人は△△だ」のように、同じ国内でも地域ごとに共有され、なおかつ世代間で伝達されている知識や慣習があるので、これも文化形式の1つとみなされます。ほかにも、性別や宗教、性的指向性、家計の経済状況など様々な文化の形式がありますが、多くの比較文化研究では、主に国籍や民族に焦点が当てられて

いうというのが現状です。文化心理学の分野では、こうした国籍や民族以外の文化の形式に、より注目する必要があるのではないかという議論がなされています(Cohen, 2009)。文化を研究する中でよく用いられる、文化次元を表す概念が3つあるのでそれぞれ紹介します。

A. 文化的自己観

　まずは、「文化的自己観(Self-Construal)」と呼ばれるものです。これは人の性質に関する信念を指します（Markus & Kitayama, 1991）。比較文化研究では、アメリカとカナダを含む北米と、日本、中国、韓国を含む東アジアを比較することが多いです。北米に代表される地域の人々は「相互独立的自己観(Independent Self-Construal)」という文化的自己観をもっています。相互独立的自己観をもつ人たちは、自己が他者から切り離され、周囲から独立した存在だと認識しています。他者との関わりは、もちろんあるのですが、それは個人と個人との関係になります。一方で、日本を含む東アジアでは、「相互協調的自己観 (Interdependent Self-Construal)」と呼ばれる文化的自己観をもっていて、自己は他者との関係性によって成り立つと認識しています。つまり、自己の定義の中に他者との関係性が埋め込まれているような捉え方です。

B. 文化的思考様式

　比較文化研究において明らかにされているもう1つの文化次元は文化的思考様式です(Nisbett, 2003)。北米に代表される地域の人々は、「分析的思考様式(Analytic Perceptual Processes)」をもち、何か物を見る際には、主にその物自体やそれが属するカテゴリに注意を払い、規則に従って認知します。一方、東アジアに代表される地域で見られるのが「包括的思考様式(Holistic Perceptual Processes)」と呼ばれるもので、人や物などの対象それぞれを独立して認知するのではなく、ほかの人や物との関連性をもとに認知します。

(1) 主体に注目するか？　背景にも注意を払うか？

　図13-1にある絵を見てください。この絵には、何が描かれているでしょうか。描かれているものを、思いつくままいくつか書き出してみてください。

図13-1　Masuda & Nisbett(2001)の実験で使用された動画の静止画
(Nisbett & Masuda, 2003)

　この絵は、実際の実験で動画として提示された実験刺激の一部です。この動画に何が映されているのかに関する回答にも、文化的思考様式と一貫した文化差が見られます（Masuda & Nisbett, 2001）。日本人とアメリカ人の実験参加者は、パソコンの画面上に提示された動画を見て、その後、動画に何が描かれていたのか、自由に回答しました。その回答を、「中心の魚（前面を泳いでいる魚）」「そのほかの動いている生物（カエルなど）」「静止している生物（貝など）」「背景（海藻、泡、池など）」のカテゴリにコーディングし、それぞれのカテゴリに含まれるものがいくつ挙げられたのかを集計した結果が**図13-2**です。

　日本人、アメリカ人ともに、中心の魚、動いている生物についての回答数が上位2位であり、これらのカテゴリに関しては、日米差は見られませんでした。一方、静止している生物や背景については、アメリカ人よりも日本人の方が多く挙げていることがわかりました。さらに、日本人の回答には、「海藻の横にいるカエル」など、絵の中に描かれている物同士の関連性についてまで触れたものが、アメリカ人の回答においてよりも多く含まれていました。この文化差は、文化的思考様式の違いによるものだと考えられます。東アジア人などの包括的思考様式をもつ人は、絵の中の目立つ対象に注意を払いつつも、北米人などの分析的思考様式をもつ人に比べて、

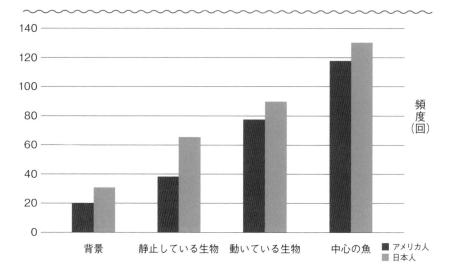

図13-2　各対象が挙げられた日米別頻度
（Masuda & Nisbett，2001を基に作成）

そのシーン全体に注目するため、背景やそこに描かれる対象と対象との関連性を認識しやすいのです。

(2) 感情はその人だけの表現？

　文化的思考様式というのは、絵や風景だけではなく、他者の感情についての認知や評価にも影響します。相手の感情を読み取る時に、大きな手がかりとなるのが表情です。

　文化的思考様式の差異は、他者の表情を認知する際にはどのような文化差を引き起こすのでしょうか。アメリカ人と日本人の大学生を対象とした実験を紹介します（Masuda et al., 2008）。

　参加者は、4人の人物の前に、1人の人物がより大きく描かれた画像を見て、中心人物の感情を評価するよう教示されます（**図13-3**）。提示される画像には2種類の実験操作が入っていて、それぞれが独立変数となっています。1つめの独立変数は、中心人物が表している感情です。中心人物は、幸福、怒り、悲しみのうちのいずれかを表す表情をしています。

図13-3　Masuda et al.(2008)に用いられた実験刺激画像
(Photo© & courtesy of Takahiko Masuda):
http://www.exploredance.com/article.htm?id=2205&s=topic&sid=1944

　それに加えて、2つめの独立変数は、中心人物と周囲の人の表情に関する一貫性です。例えば、幸福を表す表情をしている中心人物と周囲の人の表情が一貫している画像を提示される条件（**図13-3の左**）と、中心人物が幸福そうな顔をしているのに対して、周りの人は悲しそうな顔や怒った顔をしている画像など、中心人物と周りの人の表情が一貫しない画像を提示される条件（**図13-3の右**）を設けました。実験参加者は、それぞれの条件での画像を見て、中心人物の感情（幸福、怒り、悲しみ）を10件法で評価します。中心人物の感情を評価する課題なので、基本的には中心人物の表情を見て評価するのですが、周囲の人の表情がこの中心人物への感情評価に影響を与える程度が文化によって異なるのかという問いが検証されました。

　この課題中、参加者にはアイトラッカー（視線記録装置）をつけてもらいました。この装置でパソコン画面上のどこを見ているのかを記録します。実験では、中心人物の感情を評価している時に、中心人物と周囲の人物のそれぞれを見ていた時間を測定しました。

　さて、この実験では、どのような結果が得られたのでしょうか。中心人物の表情が幸福を表している条件を例に見てみましょう。中心人物の感情を評価するよう教示されると、アメリカ人は周囲の人の表情と一貫している（e.g. どちらも幸福）かどうかに関わらず、中心人物が幸せそうならば幸福を感じているだろうと評価していました（**図13-4の濃い棒**）。一方、日本人は周囲の人も一緒に幸せそうな顔をしている時（**図13-4の左**）と比べて、当

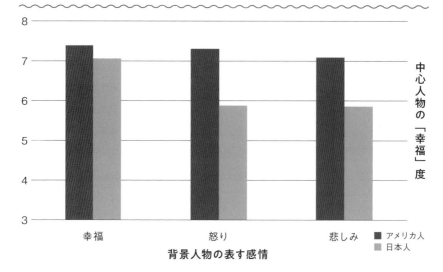

図13-4　背景人物の表す感情の差異による中心人物の日米別「幸福」度
（Masuda et al.，2008を基に作成）

人が幸せそうな表情をしていても、周囲の人が怒りや悲しみを感じている
時（**図13-4**の中央および右）には、その人物が感じている幸福度が低いだろう
と評価していました。なお、中心人物が怒りや悲しみを表している条件で
も、同様の結果が示されています。

　また、実験中の参加者の視線に関しても、感情評価と一貫する結果とな
りました。アメリカ人は周囲の人には注意を払わず、中心人物がどのよう
な表情をしているのかに注目して画像を見ていました。一方、日本人の参
加者は評価の対象である中心人物だけでなく、周囲の人の表情にも注目
し、周囲の人と表情が一貫しているかどうかを考慮したうえで、中心人物
の感情を評価していたのです。

　したがって、この実験結果は文化的思考様式の違いを支持するものであ
り、分析的思考様式をもつアメリカ人が対象人物のみに注目して評価をす
るのに対して、包括的思考様式をもつ日本人は全体を見て、周囲と一貫し
ていれば、その感情がより強く評価されたということです。

C. 個人主義 vs. 集団主義

3つ目の文化次元は、「個人主義(Individualism)」と「集団主義(Collectivism)」です (Triandis, 1995)。北米などの地域に代表される個人主義文化では、自己の独立性や自発性を重視します。一方、東アジアなどの地域に代表される集団主義文化では、個人よりも対人関係や集団を重視します。例えば、自分が所属するサークルなどの集団の目標と個人の目標が一致しない時、あなたはどちらの目標を優先させるでしょうか。このような状況では、個人主義文化圏の人たちが個人の目標を重視する傾向があるのに対して、集団主義文化圏の人たちは、個人の目標をある程度犠牲にしてでも、集団の目標を達成しようとする傾向があります。

(1) 文化圏の特徴を反映した広告

個人主義・集団主義という文化次元は、広告や商品に対する態度にどのような影響を与えるのでしょうか。アメリカと韓国で出版されたニュース雑誌と女性雑誌に掲載された広告に関する実験を紹介します (Han & Shavitt, 1994)。この実験では、個人主義文化圏 (アメリカ) と集団主義文化圏 (韓国) において、広告がどのように表現されているかに加えて、その広告を見た時に、各文化圏の人たちがその商品を購入しようと思うかどうかを検証しました。各国において、1987年から1988年に出版されたニュース雑誌と女性雑誌を3ヶ月ごとに抽出し、掲載された広告に個人主義や集団主義と関連する特徴がそれぞれどの程度反映されているのかをコーディングしました。個人主義を反映した広告表現の特徴としては、例えば、読者や広告モデルの独立性、自己改善や自己利益につながる商品かなど、個人の目標達成に関するものが挙げられます。一方、集団主義を反映した広告表現の特徴としては、その広告の内容が家族や職場など、組織や集団の目標達成に関するもので、家庭円満、対人関係や関係相手にとっての利益となる商品か、などが含まれます。

アメリカと韓国で出版された雑誌広告の中で、それぞれの文化と関連する特徴がどの程度含まれていたのかをコーディングした結果が**図13-5**です。

縦軸が広告の中に文化と関連する各種類の特徴が表れる頻度、横軸が文化と関連する特徴の種類で、左側が個人主義の特徴、右側が集団主義の特徴を表しています。濃い棒がアメリカ、薄い棒が韓国の広告です。結果と

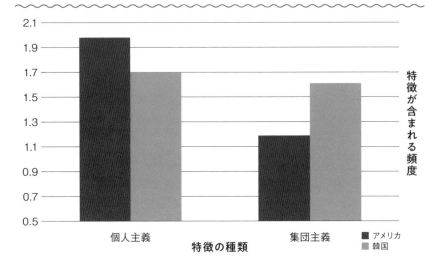

図13-5　個人主義・集団主義の特徴が各国の広告に含まれる頻度
（Han & Shavitt，1994を基に作成）

しては、それぞれの国の文化を表す特徴がより多く含まれていました。具体的には、個人主義の特徴に関しては、韓国の広告よりもアメリカの広告により多く含まれていたのに対して、集団主義の特徴に関しては、アメリカよりも韓国の雑誌広告により多く含まれていました。つまり、自国の文化に合致した特徴が含まれる広告が多かったのです。

(2) 自社会の文化様式に合った広告の影響を受けやすい

　さらに、各国の人たちが、どちらの特徴を含む広告に掲載された商品を買いたいと思うか、という購買意図を別のグループの参加者に尋ねました。**図13-6**に示された結果を見ると、先ほどの特徴頻度と類似したパターンが見てとれます。アメリカ人（濃い棒）は、集団主義の特徴が描かれた広告の商品よりも、個人主義の特徴が描かれた広告の商品をより買いたいと思う、つまり購買意図が高かったのに対して、韓国人（薄い棒）は、個人主義に関する特徴が描かれた広告の商品よりも、集団主義に関する特徴が描かれた広告の商品をより買いたいと思うという購買意図を示していました。

　比較文化研究において、韓国は集団主義文化圏、アメリカは個人主義文化圏であることが示されています（Hofstede，1983）。各国の広告には、それ

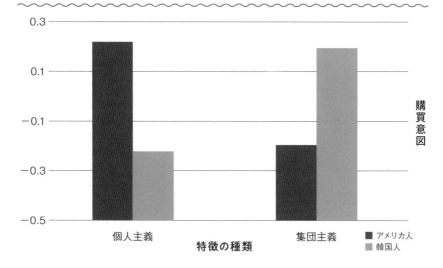

図13-6　個人主義・集団主義の特徴が含まれた広告に掲載された商品に対する
購買意図（Han & Shavitt，1994を基に作成）

ぞれの文化様式に合致した特徴が含まれていて、そうした広告を見た時の
方が、その商品を買おうという購買意図が高まることがわかります。

❹ 個人主義・集団主義研究に対する批判

　個人主義・集団主義に関しては、一般にもよく知られているのですが、
同時にいくつかの批判が出ています。本節では、①個人主義文化だと言わ
れている欧米圏でも、実は集団主義的な側面もあるのではないか、②集団
主義文化の人も、集団を好んでいるわけではないのではないか、という2つ
の批判を取り上げます。

A. 欧米人も実は集団主義？

　では、欧米人が実は集団主義なのではないかと思われる事例を見てみま
しょう。例えば、**図13-7**にあるような映像をメディアで見たことがあるか
もしれません。左側の写真は、スコットランドで行われたサッカーの試合

に集まった観客で、セルティックのファンと見られます。右側の写真は、アメリカのプロバスケットボールリーグである NBA の試合で、メンフィス・グリズリーズのファンです。どちらの写真でも、それぞれ自分の支持するチームのグッズを手にして応援しているのがわかります。このように、集団内の多くの人が同じグッズをもって1つのチームを応援するという場面を見て、本当に集団主義ではないと言えるのでしょうか。

写真：ロイター／アフロ　　　　　写真：AP／アフロ

図13-7　個人主義である欧米における集団主義を表す事例

　個人主義・集団主義の国家間比較に関しては、多くの研究が行われてきました。そのためオイザーマンら（Oyserman et al., 2002）は、個人主義・集団主義の傾向について北米と他国とを比較した50の研究結果を対象にメタ分析(p.18)を行いました。

　分析結果のうち北米と東アジアとを比較し抜粋してまとめたものが**表13-1**です。まず、表左側の列は個人主義に関する結果です。研究数の列に書かれた数値から、個人主義に関して、日本と北米とを比較した研究が15あり、香港と北米とを比較した研究が8つ、韓国、中国と続いていることがわかります。効果量の列に書かれている数値は、北米の得点をアジア諸国の得点と比較した時の差を表していて、正の値は北米人の方が得点が高い、負の値はアジア人の方が得点が高いということを表しています。

　個人主義に関しては、効果量が正の値で、比較的絶対値が大きいので、東アジアよりも北米の方が、個人主義的であると結論づけられます。一方、集団主義については比較する国によって異なる結果となりました。中国・香港に関しては、北米よりも集団主義的であり、特に中国では個人主義に関する北米との差異よりも大きかったのですが、香港では、個人主義に比

表13-1 個人主義と集団主義に関する北米と東アジア諸国の比較
（Oyserman et al., 2002を基に作成）

比較対象	個人主義		集団主義	
	研究数	効果量	研究数	効果量
日本	15	**0.25**	17	**0.06**
韓国	5	**0.39**	7	−0.06
中国	4	**0.46**	9	**−0.66**
香港	8	**0.66**	12	−0.18

注：太字で示した効果量は5％水準で統計的に有意であった。

べて、集団主義の方が、北米との差が小さいということがわかります。しかし、予測に反して、韓国は北米よりも集団的であるという結果は得られず、日本については、効果量が正の値であり、北米の方が集団主義的であるという結果でした。したがって、このメタ分析の結果からは、東アジアよりも北米の方が個人主義傾向が高いことはわかるのですが、集団主義に関しては、それほど一貫して東アジア諸国の方が北米よりも集団主義的であるとは言えないということです。

B. 集団主義文化の人も集団を好むわけではない？

　個人主義・集団主義研究に対するもう1つの批判は、個人の目標や利益よりも集団の目標や利益を優先させる集団主義文化の人々も、必ずしも集団を好んでそのような行動をしているわけではないのではないか、という点です。

　まずは、次の場面を想像してみてください。

　「あなたのサークル（または職場）にお菓子の差し入れがありました。詰め合わせの中には、チョコチップクッキー3枚とプレーンクッキー12枚が入っています。1枚選ぶとしたら、あなたはどちらを選ぶでしょうか」

　もちろん好みの影響もありますが、プレーンを選んだ方が多いのではな

いでしょうか。なぜプレーンを選んだのか、考えてみてください。

　次に、クッキーの代わりにペンを用いた同様の状況で行われたサンフランシスコ国際空港でのフィールド実験から見てみましょう（Kim & Markus, 1999）。この実験では、個人主義文化に暮らすアメリカ人はユニークス（独自性）に価値を置いているため、ユニークスを象徴する、数の少ない少数派のペンを好むだろうと予測されました。一方、他者への同調が価値観として強調される集団主義文化に暮らす東アジア人は、数の多い多数派のペンを好むだろうと予測されました。そして、実験の結果、予測通り、東アジア人（24％）に比べて、アメリカ人（74％）の方が少数派のペンを選択する傾向が見られたのです。ただ、これは本当に彼らの「好み」に基づく選択だったのでしょうか。

　前ページの場面想定において、そのお菓子の詰め合わせが開けられたばかりで、ほかの人はあなたの後に選ぶことがわかっていたら、あなたの選択は変わるでしょうか。あるいは、ほかの人は既に選び終わっており、あなたが最後だと伝えられたら、どうでしょうか。

　選択順序がわからない状況で、数の多いプレーンクッキーを選んだ人の中には、プレーンクッキーが好きという自らの好みに従ったわけではなく、「数が多い方を選ぶことで、ほかの人に選択肢を残しておきたいから」という理由の人もいたかもしれません。多数派の選択肢を選んだ理由が、自分の選択がほかの人へ及ぼす影響を先読みしていたからなのだとすれば、選択順序が明示されることで、別の選択をする人も増えるはずです。

　この仮説を検証するため、上記の状況をシナリオで提示し、日本人とアメリカ人とで回答がどのように異なるのかを比較した実験があります（Yamagishi et al., 2008）。実験参加者は、日本人とアメリカ人の大学生です。シナリオとして、調査研究への参加報酬として受け取るペンを、5本の中から選択するという状況が提示されます。5本のペンはすべて同じデザインなのですが、外観の色が1本のみ（＝少数派ペン、残りの4本は多数派ペン）異なっていました。前述のように、参加者がペンを選択する順序が実験操作を行った独立変数です。順序について特に明示されない統制条件、「ほかの人がこれから選択する」と教示される「自分が最初」条件、「ほかの人は既に選択済みである」と教示される「自分が最後」条件の3つです。これに加えて、自分

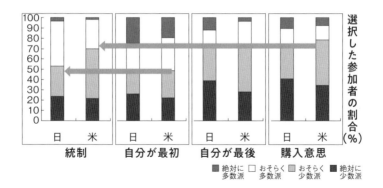

図13-8 多数派ペンと少数派ペンを選択した日本人・アメリカ人の割合
（Yamagishi et al., 2008を基に作成）

で代金を支払って購入する状況を想定し、購入意思を尋ねました。結果は、**図13-8**にまとめた通りです。

　図の左から条件ごとに見ていきましょう。まず、自分が何番目に選択するのかに関する情報が何も与えられない統制条件では、日本人に比べ、アメリカ人の方が少数派ペンを選ぶ割合が高くなりました。これは、先ほど紹介した空港でのフィールド実験と同様の結果です。

　それでは、選択順序についての情報が与えられると、結果に違いが見られるのでしょうか。自分が最初に選択する条件では、アメリカ人の少数派ペンを選ぶ割合が、統制条件における日本人と同程度にまで減りました。つまり、アメリカ人も、自分の後にほかの人が選ぶことが明示されると、多数派ペンを選択する割合が高くなるのです。一方、自分が最後に選択する条件では、日本人の少数派ペンを選ぶ割合が、統制条件におけるアメリカ人と同程度まで増えました。これは、自分の選択がほかの人の選択肢に影響しないとわかると、日本人も自分の好みに沿った選択ができることを表しています。実際、自分で購入するとしたら、少数派と多数派のどちらのペンを購入すると思うかを尋ねると（購入意思条件）、日本人もアメリカ人も、7割程度の人が少数派ペンを選びました。

　この実験から個人主義文化であるアメリカ人と同様に、集団主義文化である日本人も、独自性の高い少数派の選択肢を好むことが明らかになりま

「場の空気」が作られる時　第Ⅴ部

した。ただし、自分の後にほかの人が選ぶかどうかがわからない状況では、日本人はほかの人への影響を先読みし、多数派の選択肢を選ぶのに対し、アメリカ人は自分の好みに基づいて行動していたのです。

⑤ 既存の関係から新たな関係へ乗り換えることが困難な社会

なぜ日本人は、自分の行動が他者へ与える影響を先読みするのでしょうか。その要因の1つが、社会環境によるものだと考えられています。具体的には、特定の社会における対人関係を組み換える機会の多さを表す「関係流動性（Relational Mobility）」です。関係流動性とは、**第9章**(p.151)でも説明した通り、見知らぬ人と出会う機会がどの程度あるのか、その相手と自由に関係を形成できるのか、あるいは既存の関係を自由に解消することができるのか、を表します（Kito et al., 2017; Yuki & Schug, 2012; Yuki et al., 2007）。39ヶ国（各国の参加者約250〜700名）を対象に実施した比較文化研究では、関係流動性が、日本を含む東アジア、東南アジア、中東、アフリカ北部において低く、北中南米や西ヨーロッパにおいて高いことが示されました（Thomson et al., 2018;**図13-9**）。関係流動性は国内でも地域によって差が見られます。日本でも、農村部では、同じ町内に住む人たち全員が顔見知り、保育園（幼稚園）から中学まで全員同じ顔ぶれ、という地域も見られます。これは、関係流動性の低い地域の例と言えます。一方、隣人の顔も名前もわからない、小中学校では常に転校する子がいるような都会は関係流動性の高い地域となります。

前節で紹介したお菓子を選ぶ課題でも、ペン選択実験でも、日本人は、「自分の後にほかの人が選ばない」ということが明確でない限り、他者への影響を先読みし、多数派の選択肢を選んでいました。では、他者への影響の先読みは、その社会の関係流動性とどのように関連しているのでしょうか。対人関係の組み換えが容易な高関係流動性社会では、自分の行動によって、他者に嫌われたり、集団内で悪い評判が立ったり、排斥されたりしても、別の人との関係形成や別の集団への所属が比較的容易です。一方、地域の中で全員が顔見知りのような対人関係が固定的な低関係流動性社会で

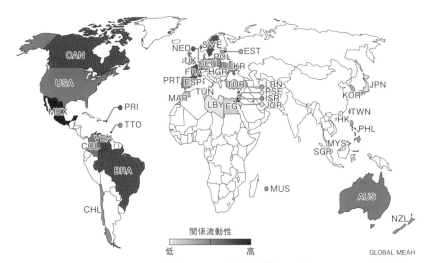

図13-9　世界における関係流動性の分布
（Thomson et al., 2018, Figure 2を基に作成）

は、集団内で悪い評判が立ったり、排斥されたりすると、別の集団に移ったり、別の人と関係形成をすることが困難です。したがって、他者からの悪評や排斥のコストは、高関係流動性社会に比べ、低関係流動性社会においてより高くなります。低関係流動性社会で暮らす人は悪評や排斥を回避するため、特に事前情報がない時には、他者への影響が最小限に留まる行動をするのです。

⑥ 社会の関係流動性に応じた対人関係の性質と対人行動

A. 関係流動性の高低が対人関係の形成に及ぼす影響

　では、社会環境間における関係流動性の違いは、そこで形成される対人関係の性質にどのような影響を与えるのでしょうか。関係流動性が影響を及ぼす対人関係の性質の1つは、個人の選好に基づいて対人関係を形成できるかどうかです。高関係流動性社会では、関係選択の自由度が高いため、自分の好む他者を選択し、関係を形成することが比較的容易にできます

が、低関係流動性社会ではそれが困難です。

　実際、低関係流動性社会に比べ、高関係流動性社会において、個人の選好に基づく関係形成が行われやすいことを示した先行研究（Schug et al., 2009）を**第9章**（p.151）で紹介しました。日本人とカナダ人を対象とした調査において、日本人もカナダ人も類似した相手を友人として好む一方で（**図13-10の左**）、自己と友人との類似性認知には文化差があり、日本人に比べ、カナダ人の方が、自分と友人がより似ていると回答していました（**図13-10の右**）。友人との類似性認知の文化差が、関係流動性によって統計的に説明されたことで、カナダのような関係流動性の高い社会では、人々が自分の選好に基づいて自分と類似した相手と対人関係を形成することが可能である一方で、日本のような関係流動性の低い社会では、それが困難であるということが示されました。

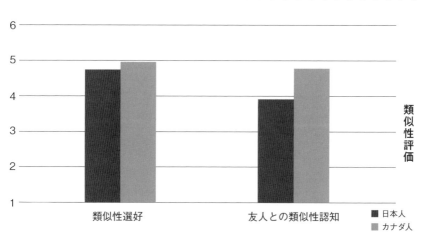

図13-10　類似性選好と友人との類似性認知に関する日加比較
（Schug et al., 2009を基に作成）

B. 関係流動性の高低に応じて変わる対人関係維持コスト

　自分の好みに合った相手と容易に関係を形成できるのならば、高関係流動性社会で暮らす人々をうらやましく感じるかもしれません。しかし、実のところ、関係の組み換えが起きやすい高関係流動性社会だからこそ、魅

力的な相手をめぐる競争が激しくなります。自分にとって有益で関係を築きたい相手が見つかれば、容易に乗り換えられる社会なので、魅力的な相手には関係形成を求める人が殺到し、競争が起きやすく、そうした相手との関係形成はそれほど容易ではありません。一度関係を形成した後も、その相手にとって、ほかにより望ましい人が見つかれば、自分との関係を解消し、その相手と関係を形成する可能性が高いのです。

　一方で、低関係流動性社会では、魅力的な相手が見つかっても、既存関係の解消や、その魅力的な相手との関係形成が困難です。したがって、いったん関係を形成してしまえば、その相手をめぐって、第三者と取り合うことになる可能性は相対的に低いでしょう。

　では、対人関係における競争が激しい高関係流動性社会において望ましい対人関係を形成し、維持するには、どのような行動が必要なのでしょうか。それは、対人関係に対する積極的な投資です。自分だけでなく、相手にとってもパートナー候補が多い社会において、対人関係を維持するためにほかのパートナー候補よりも自分の方が望ましいパートナーであることをアピールし続け、パートナーを自分との関係につなぎ留めておく必要があるのです。

　こうした投資行動には様々なものが考えられますが、その1つが自己開示です。自己開示とは、自分の弱みを限定された他者にだけ伝える行動です。こうした行動には、その弱みが周囲に漏洩するなどのリスクもありますが、同時に大きな機能があります。それは、特定の相手だけに自らの弱みを積極的に開示し、相手を裏切らないという安心感を与えることです。

　この仮説を検証したのが、シュグら（Schug et al., 2010）による国際比較研究です。まず、先行研究（e.g. Thomson et al., 2018）と一貫して、日本人よりもアメリカ人の方が、自身を取り巻く社会における関係流動性が高いと認知していました。さらに、関係流動性が高い社会で暮らしている人ほど、自己開示を多くしていました。言い換えると、アメリカ人が日本人よりも多くの自己開示をする1つの理由は、アメリカ社会における関係流動性の高さにあることが明らかにされました。

　対人関係をめぐる競争の激しい高関係流動性社会において、適応的な対人行動のもう1つは、自分は相手を裏切らない、「あなただけしか見ていな

い」という、関係に対するコミットメントの証明です。高関係流動性社会では、魅力的な相手が現れたら、その相手と一緒になるために現在の関係を解消されるリスクがお互いに存在します。こうしたリスクの中で相手を安心させるために、ほかの人ではなく「あなただけ」を見ているということを行動で示すのです。山田ら（Yamada et al., 2017）の研究では、具体的な行動として、一緒に過ごす時間やメール・電話の回数を増やす「パートナーとの近接性確保」、ほかの異性との先約を断るなどパートナーを特別扱いする「パートナーの優先」、パートナー以外の異性とプライベートで出かけないようにするなどの「代替関係の放棄」を検討しました。さらにこれらのコミットメント証明行動を生み出す心理過程として、恋人に対する強い愛情を指す情熱に着目しました（p.172）。交際相手のいる日本人とアメリカ人の一般成人を対象に、現在の交際相手に対して感じている情熱の程度やコミットメントの証明を行う頻度などについて尋ね、これらの心理や行動に日米差が見られるのか、その日米差は関係流動性によって説明されるのかについて、検証しました。

　その結果、まず、日本人に比べ、アメリカ人の方が交際相手に対してより強い情熱を感じており、それは関係流動性の差異によって説明されました（図13-11）。日本よりもアメリカにおいて関係流動性が高く、関係流動性が高いほど、交際相手に対してより強い情熱を感じていたのです。さらに、パートナーに対して情熱を強く感じている人ほど、それぞれのコミットメント証明行動を取りやすいことが示されました（図13-11）。

　対人関係における競争が激しい、関係流動性の高い社会だからこそ、パートナーを自分との関係につなぎ留めておくために自己開示やコミットメントの証明などの対人投資行動が必要なのです。

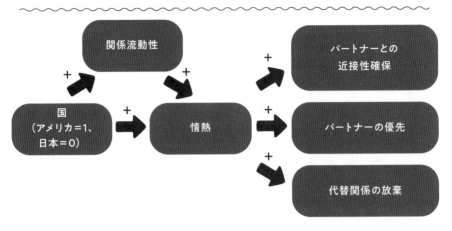

図13-11　情熱を介した関係流動性の対人投資行動への影響プロセス
（Yamada et al., 2017を基に作成）

❼　まとめ：異文化理解を深めるために

　メディアやインターネットの発展により、以前よりも、異文化に触れる
機会が増えてきています。本章冒頭の事例のように、自分とは異なる文化
圏の人と実際に交流することもあるかもしれません。その際に、自分の慣
れ親しんだ慣習とは異なる相手の考え方や行動に戸惑うこともあるでしょ
う。本章の前半では、文化とは何か、文化の次元について説明しました。
それぞれの文化の特徴について学ぶことで、ほかの文化圏の人たちの考え
方や行動に関してより理解が深まることを期待しています。

　本章の後半では、対人関係における行動や心理過程に影響を及ぼす社会
環境要因、特に筆者の研究テーマの1つである関係流動性の影響について説
明しました。対人関係の組み換えに関する自由度の高い高関係流動性社会
では、自分の選好に基づいた相手との関係形成がより容易であると同時
に、その相手を自分との関係につなぎ留めておくための積極的な行動が必
要になります。関係流動性の異なるそれぞれの社会において、関係形成や
関係維持を促進するためには、どのような行動が適応的なのか、考えてみ
ると良いでしょう。

また、本書の他章で扱ったテーマの中にも、文化による違いが予測される行動や心理過程があると思います。それはどのような文化差で、またその文化差が、本章で紹介したどの文化次元と関連しているのか、考察してみてください。

第13章で学んだキーワード

自己概念、相互独立的自己観、相互協調的自己観、分析的思考様式、包括的思考様式、個人主義、集団主義、関係流動性

📖 参考文献

Chiu, C.-Y., & Hong, Y.-Y. (2006). *Social Psychology of Culture*. Psychology Press.

Cohen, A. B. (2009). Many forms of culture. *American Psychologist*, **64**, 194–204.

Han, S.-P., & Shavitt, S. (1994). Persuasion and culture: Advertising appeals in individualistic and collectivistic societies. *Journal of Experimental Social Psychology*, **30**, 326–350.

Hofstede, G. (1983). Dimensions of Natural Cultures in Fifty Countries and Three Regions. In J. B. Deregowski, S. Dziurawiec, and R. C. Annis (Eds.), *Expiscations in Cross-Cultural Psychology* (pp.335–355). Swets & Zeitlinger.

Kim, H., & Markus, H. R. (1999). Deviance or uniqueness, harmony or conformity? A cultural analysis. *Journal of Personality and Social Psychology*, **77**, 785–800.

Kito, M. (2005). Self-disclosure in romantic relationships and friendships among American and Japanese college students. *Journal of Social Psychology*, **145**, 127–140.

Kito, M., Yuki, M., & Thomson, R. (2017). Relational mobility and close relationships: A socioecological approach to explain cross-cultural differences. *Personal Relationships*, **24**, 114–130.

Leuers, T. R. S., & Sonoda, N. (1999). Independent self bias. *Progress in Asian Social Psychology*, **3**, 87–104.

Markus, H. R., & Kitayama, S. (1991). Culture and the self: Implications for cognition, emotion, and motivation. *Psychological Review*, **98**, 224–253.

Masuda, T., Ellsworth, P. C., Mesquita, B., Leu, J., Tanida, S., & Van de Veerdonk, E. (2008). Placing the face in context: Cultural differences in the perception of facial emotion. *Journal of Personality and Social Psychology, **94**, 365–381.

Masuda, T., & Nisbett, R. E.(2001). Attending holistically versus analytically: Comparing the context-sensitivity of Japanese and Americans. *Journal of Personality and Social Psychology*, **81**, 922–934

Nisbett, R. E.(2003). *The Geography of Thought: How Asians and Westerners Think Differently and Why*. Free Press.

Nisbett, R. E., & Masuda, T.(2003). Culture and point of view. *Proceedings of the National Academy of Sciences*, **100**, 11163–11170.

Oyserman, D., Coon, H. M., & Kemmelmeier, M.(2002). Rethinking individualism and collectivism: Evaluation of theoretical assumptions and meta-analyses. *Psychological Bulletin*, **128**, 3–72.

Schug, J., Yuki, M., Horikawa, H., & Takemura, K.(2009). Similarity attraction and actually selecting similar others: How cross-societal differences in relational mobility affect interpersonal similarity in Japan and the USA. *Asian Journal of Social Psychology*, **12**, 95–103.

Schug, J., Yuki, M., & Maddux, W.(2010). Relational mobility explains between-and within-culture differences in self-disclosure to close friends. *Psychological Science*, **21**, 1471–1478.

Thomson, R., Yuki, M., Talhelm, T., Schug, J., Kito, M., Ayanian, A. H.,... & Visserman, M. L.(2018). Relational mobility predicts social behaviors in 39 countries and is tied to historical farming and threat. *Proceedings of the National Academy of Sciences*, **115**, 7521–7526.

Triandis, H. C.(1995). *Individualism and Collectivism*. Westview Press.

Triandis, H. C.(2007). Culture and Psychology: A History of the Study of Their Relationships. In S. Kitayama & D. Cohen (Eds.), *Handbook of Cultural Psychology* (pp.59–76). Guilford Press.

Yamada, J., Kito, M., & Yuki, M.(2017). Passion, relational mobility, and proof of commitment: A comparative socio-ecological analysis of an adaptive emotion in a sexual market. *Evolutionary Psychology*, **15**, 1474704917746056.

Yamagishi, T., Hashimoto, H., & Schug, J.(2008). Preferences versus strategies as explanations for culture-specific behavior. *Psychological Science*, **19**, 579–584.

Yuki, M., & Schug, J.(2012). Relational Mobility: A Socioecological Approach to Personal Relationships. In O. Gillath, G. Adams, & A. Kunkel (Eds.), *Relationship Science: Integrating Evolutionary, Neuroscience, and Sociocultural Approaches* (pp.137–151). American Psychological Association.

Yuki, M., Schug, J., Horikawa, H., Takemura, K., Sato, K., Yokota, K., & Kamaya, K.(2007). *Development of a Scale to Measure Perceptions of Relational Mobility in Society* (Working Paper Series No. 75). Center for Experimental Research in Social Sciences.

おわりに

　2020年1月に日本国内で初の新型コロナウイルス感染者が報告されてから、私たちの生活は一変しました。外出自粛によって離れて暮らす家族や親戚、友人と会う機会が減少し、マスク着用が求められたことにより、コロナ禍で初めて出会った相手とは互いの顔を見たことがないまま関係が形成されるなど、これまで「普通」だと思ってきたことが、「普通」ではなくなりました。本書の中でも紹介した、トイレットペーパーやマスクの買い占めなど、コロナ禍という「非常事態」ならではの現象も発生しました。

　こうした日常生活で起きる現象を社会心理学の知見から解釈できることを初学者にも理解してもらい、普段の生活に活かしてほしいというのが、本書の執筆をお受けした時の1つの願いでした。したがって、執筆にあたり、日常生活と結びつけて考えられるような事例を多く紹介するよう心がけました。各章の冒頭では、その章で扱う内容に関連する事例を、主人公の大学生がSNSに投稿しています。そのほか、本文中にも、身近に感じられるような事例を紹介しました。本書を読み終えたみなさんの生活の中で、「この場面は、社会心理学のあの概念で説明できる！」という気づきが生まれたのであれば本望です。

　本書の内容は、これまで私が国内外の大学で担当してきた「社会心理学」の授業が基になっています。最初に教壇に立ったのがカナダの大学であったため、北米で使用されている教科書を参考に構成されています。英語文献の引用が比較的多いのも、それが一因です。

　多くの方々との「つながり」なくして、本書は完成しませんでした。まず、学部・大学院時代に社会心理学や研究の醍醐味を教えてくださった Dr. Linda Kline、Dr. Theodore Singelis、Dr. Marian Morry、Dr. Beverley Fehr、ポスドク時代に研究の視点を広げてくださり、社会心理学（文化心理学）の授業を聴講させてくださった結城雅樹先生に深く感謝申し上げます。

　本書の原稿に目を通し、コメントをくださった相馬敏彦先生、西村太志

先生、お忙しい中、無理なお願いを快く引き受けてくださり、ありがとうございました。

　本書の作成にあたり、様々な場面でご尽力いただいた、弘文堂の加藤聖子さんにも心より感謝申し上げます。最初に出版企画のご連絡をいただいてから刊行まで、5年もかかってしまいました。「家庭の事情は、仕事でお声がけいただける時期と重複しがち」という同僚の先生がおっしゃっていた言葉のまさにその状況でした。気長に待っていただき、ありがとうございました。執筆を開始しても、遅筆な私の原稿がなかなか進まない時にお声がけいただいたり、適度に進捗を確認してくださったり、内容について自信がない時には建設的なコメントと共に励ましていただきました。こうしたアシスタントを担っていただいたからこそ、本書が完成したのだと思います。深く感謝申し上げます。

　本書に華を添えてくださったライターの鈴木俊之さん、イラストレーターのfancomiさん、デザイナーの三瓶可南子さんにも、感謝いたします。

　なお、本書の出版にあたり、出版補助金として明治学院大学学術振興基金をいただきました。

　本出版企画をいただいた後に産まれ、いつも家族を笑顔にしてくれる次男をはじめ、自分のことよりも家族を気遣ってくれる長男、家族の生活を支え続けてくれているパートナーへは、感謝してもしきれません。そして最後に、私にとって初めての「つながり」を築いてくれた両親、兄姉にも感謝の意を。

2023年2月

これまで「つながり」をもってくださったみなさまに
心からの謝意と愛を込めて

鬼頭　美江

索引

さ～そ

た〜と

な〜の

【著者】

鬼頭美江（きとう みえ）

明治学院大学社会学部社会学科准教授。2002年カリフォルニア州立大学チコ校心理学科卒業（Honors）。2011年マニトバ大学大学院心理学研究科社会・性格心理学専攻博士課程修了。その後，日本学術振興会特別研究員（PD）として北海道大学にて研究に従事した後，明治学院大学社会学部社会学科専任講師を経て，2019年より現職。研究テーマは「友人関係や恋愛関係などの対人関係における心理過程・行動，および社会生態学的環境による影響」など。近年は婚活イベントやマッチングアプリに関する研究を進めている。単著論文に「Shared and unique prototype features of relationship quality concepts」（*Personal Relationships*, 23, 2016），「Self-disclosure in romantic relationships and friendships among American and Japanese college students」（*Journal of Social Psychology*, 145, 2005），共著論文に「COVID-19の感染拡大および終息に与える関係流動性の影響——社会生態学的視点からの考察」（『心理学研究』92, 2021），「夫婦関係満足感に与える自尊心の影響——夫婦データを用いたAPIMによる検討」（『実験社会心理学研究』56, 2017），「Relational mobility and close relationships: A socio-ecological approach to explain cross-cultural differences」（*Personal Relationships*, 24, 2017）ほかがある。

つながりの社会心理学——人を取り巻く「空気」を科学する

2023（令和5）年2月28日　初版1刷発行

著　者　鬼 頭 美 江

発行者　鯉 渕 友 南

発行所　株式 弘 文 堂　　101-0062　東京都千代田区神田駿河台1の7
　　　　　　　　　　　　　　TEL 03(3294)4801　　振替 00120-6-53909
　　　　　　　　　　　　　　https://www.koubundou.co.jp

イラストレーション　fancomi

ブックデザイン　三瓶可南子

印　刷　三報社印刷

製　本　井上製本所

ISBN978-4-335-55210-6